“十三五”国家重点出版物出版规划项目

“中国工业遗产故事”丛书

丛书主编　刘伯英　周大亚

西北炼钢厂故事

魏晓锴　张　悦　著

南京出版传媒集团
南京出版社

图书在版编目（CIP）数据

西北炼钢厂故事 / 魏晓锴, 张悦著. -- 南京 : 南京出版社, 2022.1

（中国工业遗产故事）

ISBN 978-7-5533-3535-3

Ⅰ. ①西… Ⅱ. ①魏… ②张… Ⅲ. ①炼钢厂－工厂史－太原－青少年读物 Ⅳ. ①F426.31-49

中国版本图书馆CIP数据核字（2021）第246192号

从 书 名 中国工业遗产故事
从书主编 刘伯英 周大亚
书　　名 西北炼钢厂故事
作　　者 魏晓锴 张 悦
出版发行 南京出版传媒集团
南 京 出 版 社

社址：南京市太平门街53号　邮编：210016
网址：http://www.njcbs.cn　电子信箱：njcbs1988@163.com
联系电话：025-83283893、83283864（营销）　025-83112257（编务）

出 版 人 项晓宁
出 品 人 卢海鸣
责任编辑 杨淑丽
封面设计 张 淼
版式设计 王 俊
责任印制 杨福彬

制　　版 南京新华丰制版有限公司
印　　刷 江苏扬中印刷有限公司
开　　本 787毫米×1092毫米 1/32
印　　张 5.625
字　　数 99千
版　　次 2022年1月第1版
印　　次 2022年1月第1次印刷
书　　号 ISBN 978-7-5533-3535-3
定　　价 28.00元

用微信或京东APP扫码购书

用淘宝APP扫码购书

编委会

总 序

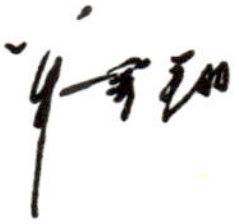

在众多的文化遗产中，“工业遗产”是一个年轻的类型。工业遗产是工业时代形成的遗产，自从18世纪60年代以蒸汽机为代表的第一次工业革命在英国爆发以来，工业文明虽然只有短短的三四百年历史，但在人类文明的发展史上，工业文明所创造的财富和对世界以及人类生活的影响，都远远超过之前几千年的总和。经过多年的开采、生产、运行，有些矿山、工厂、仓库、烟囱、管道、铁路、码头等已经失去了生产功能，但作为纪念物被保留了下来；同时还有些机器、车辆、工具、仪器、图纸、档案、照片、产品、服装等也一起保留下来，成为工业文明的历史见证和记录。

我们衡量文化遗产一般采用“历史、艺术和科学价值”这三大价值作为标准，而工业遗产在具有文化遗产的普遍特征的同时，还具有一些特殊的价值。一般来说，工业遗产具有历史、社会、建筑和科技、审美等多重价值。它与其他文化遗产的区别就是技术价值。工业遗产见证了科学技术对于工业发展所做出的突出贡献，表现在工厂矿山的选址规划、建（构）筑物的施工建设、机械设备的设计安装、生产工具的改进、工艺流程的设计布置和产品的更新等方面。从工业遗产中我们可以清晰地看到技术进步的脉络，其中既有创新、改进，当然也有失败或者弯路，这些都为后人提供了可供借鉴的经验或者教训。由于工业遗产可以直观地反映出人类社会发展的这一重要过程，工业遗产成为我们社会发展不可或缺的物证。

当你走进我国各地的博物馆，看到最多的是什么？是青铜器、陶瓷、丝绸、书画、金银玉器等精美的手工艺品，我国悠久的农业社会文明，为世界贡献了数不清、看不尽的文化瑰宝，使参观者瞬间满怀文化自豪感。从本质上说，这些都是农业时代的遗存，代表的只是我们国家在农业时代创造的文明、对世界文明发展的贡献。可是你却很少能够在我国博物馆中看到数量、规模能与上述这些农业文明时代的文化遗存相当的工业遗产。尽管工业时代是离我们最近的历史时期，工业文明创造了巨大财富，对世界以及人类生活产生了深远影响，但我们似乎忘记了给它在博物馆中留出应有的位置。

工业遗产对生活在当下或者未来的人有什么意义呢？我们说，工业遗产具有纪念、教育、文化或象征的意义。

我国工业化以来，形成了许多新的城市。例如，哈尔滨、长春、郑州、石家庄是火车轮子拉来的城市，上海、大连、青岛、秦皇岛是港口通航形成的城市，唐山、鞍山、玉门、大庆、平顶山、萍乡是矿山开采形成的城市。矿山、工厂、井架、火车头、港口是这些城市的历史符号，是老一辈人抹不去的记忆，很多家庭连续几代都在一家厂矿中工作，这些厂矿是城市的“源”，也是文化的“脉”，更是市民的“根”。

由于中国工业社会时代开始的时间晚于欧美，人们对工业遗产保护的认识需要一个接受的过程。随着城市化步伐的逐步加快，对工业遗产在拆与保、遗弃与利用之间存在着激烈的碰撞。这种碰撞不仅存在于个别地区，而且普遍存在于具有工业遗产资源的众多城市。近年来，我国伴随城市规划布局及产业结构的调整，过去的工业区大多变成了中心区，工业外迁的步伐加快，出现了大量的工业遗产。如何评估这些遗产并将其妥善保护、永续利用，已成为文化遗产保护领域一个极为紧迫的问题。

令人欣慰的是，许多具有远见卓识的地方政府，在大力推进当地经济社会可持续发展的进程中，重视工业遗产的保护，取得了令人称道的成绩。在对工业遗产保护逐渐形成共识的形势下，一批工业遗产得到了积极保护和合理利用。同时，我们也必须注意到，尽管近年来一部分工业遗产开始被列入保护之列，但是受法律保护的工业遗产项目仅占应纳入保护内容中的很小一部分。还有很多城市，特别是一些传统工业城市，还未将工业遗产保护纳入文化遗产保护范畴，还缺乏对工业遗产的总体评价和细致规划。

工业遗产的保护和利用需要公众的关注和参与。工业遗产的主人不仅是政府，每个人都是主人，只有当地居民自觉守护，才能保卫工业遗产的尊严，有尊严的工业遗产才有强盛的生命力。只有把工业遗产保护与城市文化建设，特别是与公众的生活紧密联系在一起，才能为工业遗产的保护与利用找到真正的根基，才能使工业遗产成为公众生活的组成部分，才能使工业遗产成为城市文化的内核与灵魂，也才能使城市成为工业遗产真正的家园。建设一个房地产项目，可以服务一个城市几十年，而保护好一个城市的工业遗产，或许会让一个城市受益上百年，同时也有助于提升市民的文化理念，使人们用辩证思维的方式去看待城市发展中的各种矛盾，平衡、协调、解决好各类问题。

感谢刘伯英教授等研究工业遗产的学者们，多年来为工业遗产的保护和利用开展了大量工作，使工业遗产引起了政府部门的重视。今天，他们又开拓了一片新领域，通过每一项工业遗产的详细说明与阐述，把我们的工业发展历史和其中有趣的人物、故事介绍给普通大众和青少年，引导更多的人，尤其是青少年群体对工业遗产产生兴趣，自觉地保护我们身边的工业遗产，这是一件利在当代、泽被千秋的好事。我非常愿意把这套丛书推荐给大家，特别是我们的青少年读者，为我们5000多年的文明史补上这极为精彩的一段，完整地看待一个悠久历史的民族，在艰难困苦中百折不回，从一个纯粹的农业国华丽转身成世界最重要的工业制造大国，树立起我们的民族自信。

单霁翔

（作者系中国文物学会会长、国家文物局原局长、故宫博物院原院长）

序 言

位于中国北方黄土高原的山西，是驰名中外的“煤铁之乡”。从古代开始，山西就有着悠久的采煤、炼铁的历史，丰富的自然资源，也成为近代工业化的重要基础。山西近代工业的起步源于煤铁，晚清时期，太原火柴局、山西机器局等新式现代企业创立迈出了重要一步。20世纪30年代，一座承载着有识之士救国梦想、生产环节完整、工业设备先进的现代化钢铁企业脱颖而出。

西北炼钢厂创建于1934年，在当时，国内现代化钢铁企业仍然屈指可数。肇始于晚清洋务运动时期的汉阳铁厂已经停工，而位于东北“伪满洲国”境内的鞍山、本溪等钢铁企业则被日本侵略者以“日满合办”的名义所霸占。西北炼钢厂的创建在中国钢铁工业史上具有重要意义，承载了诸多有识之士的救国理想。这一钢铁企业的兴建，经历了一个漫长的过程。从炼钢筹备委员会的成立到主体建设工程的基本完工，历时三年之久，随着民族危机的迫近，新生企业即陷入顿挫。

1937年7月，日军发动全面侵华战争，随着华北重镇太原的沦陷，西北炼钢厂沦入敌手。在日军“军管理”之下的西北炼钢厂更名为“太原铁厂”，后划入山西产业株式会社管理，完全沦为日本侵略者掠夺中国煤铁资源的工具。在中国共产党的领导下，钢厂工人展开不屈斗争。他们走出钢厂，成立工人武装自卫队，加入工卫旅打击敌人。留守钢厂工人，为维护生存展开了一系列罢工斗争。抗战胜利后，第二战区司令长官阎锡山接收了西北炼钢厂，然而，经历了日军摧残的炼钢厂并没有完全走向正规，刚刚恢复生产便被绑上战车，进入军事化状态，生产走向畸形，沦为阎锡山集团进行内战的战争机器。在非常状态下，钢厂工人们以党组织为中心团结起来，为了生存进行斗争。解放战争中，工人们在党领导下开展护厂斗争，为企业的接管与恢复奠定了基础。

随着太原军管会工业接管组的成功接管，西北炼钢厂获得了新生。重组后的西北炼钢厂，先后更名为西北钢铁公司、太原钢铁厂，组织机构进一步完善。经过一系列思想改造和新一轮薪资改革，钢厂工人生产热情进一步激发。随着爱国主义生产竞赛运动进行，钢厂的生产效率大幅提高，为志愿军捐献“太钢号”战斗机将运动推向高潮，钢厂工人用实际行动践行了爱国主义精神。1952年初，太原钢铁厂首先进行了试制硅钢工作，并炼成了可以批量生产的硅钢；同年9月，太钢电炉炼钢部成功试炼了共和国第一炉不锈钢。以此为起点，这一钢铁企业在不锈钢生产历史上不断铸就新的辉煌。

社会主义建设时期，在中国共产党领导下，太原钢铁厂创造了一个个不凡的成就，涌现出一幕幕英雄的事迹。从革命功臣到炼钢能手，太钢工人王贵英用奋斗的一生诠释了共产党人的责任和使命；从退休职工到环保劳模，“当代愚公”李双良以实际行动为太钢开创了发展绿色循环经济之路。改革开放以来，太钢进一步理顺国家与企业关系，迎来了发展的春天。1996年，太钢改制为国有独资公司——太原钢铁（集团）有限公司。1998年，太钢不锈股票成功在深交所上市，开始实施大集团、大公司发展战略，充分利用市场环境做大做强企业。进入新世纪，太钢致力于建设全球最具品种特色的钢铁厂，形成了以不锈钢为核心的节能型绿色产品集群,成为绿色产品制造的示范者。2020年，随着中国宝武重组太钢集团，企业迎来了新的发展机遇，相信在党的正确领导下，企业一定能够加速实现全球不锈钢行业引领者的目标，成为“全球钢铁业引领者”。

从西北炼钢厂到中国宝武太钢集团的近九十年历程，不仅是近代中国工业化的缩影，也是无数国人爱国钢铁梦的见证和中国共产党领导下奋斗精神的写照。本书的出版，希望能够讲好西北炼钢厂这一重要中国工业遗产的故事，也希望能为讲好中国近代工业化的故事，讲好中国共产党领导下中国工业发展的故事尽一点绵薄之力。

目 录

一 煤铁之乡：独一无二的地缘优势

钢铁工业亦称黑色冶金工业，是当代世界所有现代化工业国家的基础工业之一，以钢铁工业为核心的冶金工业水平，也是衡量现代化国家工业化程度的重要指标。钢铁工业的发展离不开煤炭、铁矿石等自然资源，闻名于世的德国鲁尔工业区，即以丰富的煤炭资源和“移铁就煤”模式发展钢铁工业，一度成为“欧洲工业的心脏”，引领世界重工业的发展。山西省位于中国北方的黄土高原，素以丰富的煤铁资源著称，有“煤铁之乡”的美誉。山西近代工业化的起步源于煤铁，肇始于晚清，到民国时期，三晋大地诞生了一个生产环节完整、工业设备先进的现代化钢铁企业——西北炼钢厂。这一现代化钢铁企业的诞生，得益于山西得天独厚的煤铁资源条件与源远流长的冶铁历史，承载着众多有识之士的“实业救国”梦想。

得天独厚的资源优势

“巧妇难为无米之炊”，充足的原料是发展钢铁生产最重要的驱动因素之一。山西省素有“煤铁之乡”的美誉，矿产资源丰富，开采历史悠久，发展钢铁生产可谓得天独厚。煤炭被称为“黑金”，是钢铁生产的重要原料，不但可以为炼钢、炼铁等核心生产环节提供热源，而且可以用于发电，对电炉炼钢、轧钢等生产环节也至关重要。山西向来以丰富的煤炭资源闻名全国。早在明清时期，山西已经成为重要的煤炭产地，近代以来山西的煤炭更是驰名中外。山西地区的煤炭不但储量丰富，而且种类齐全。更为可贵的是，由于炼钢生产需要由粘结煤炼制而成的焦炭提供高温环境，而山西可用作炼焦原料的煤炭储量同样十分

◎小贴士

焦炭与钢铁工业：焦炭是钢铁生产中最重要的原料之一，主要有以下两个作用。一方面，因为焦炭纯度更高，所以可以提供比一般煤炭更高的燃烧温度；另一方面，焦炭也是重要的还原剂，焦炭中的碳元素可以与铁矿石中的氧元素发生还原反应，在生成一氧化碳和二氧化碳等气体的同时，炼制成杂质更少的成品钢。山西省可以炼制焦炭的炼焦煤储量十分丰富，这也是在山西发展钢铁生产最重要的有利因素之一。

可观。丰富的煤炭资源，为西北炼钢厂的诞生奠定了基础。

除焦炭外，铁矿及锰、镍等矿同样是发展钢铁工业不可或缺的重要原料。资料显示，山西省的铁矿总储量达80多亿吨以上，遍及全省84个市县，且分布较为均匀。铁矿矿藏的类型包括“鞍山式”“宣龙式”“接触交替式”“山西式”等，可以为大、中、小型钢铁企业发展创造有利条件。除此之外，山西省还盛产可制作耐火材料的耐火粘土矿，总储量达数百亿吨。不仅如此，炼钢所需的锰、镍、锌、矽石、莹石等矿产资源也一应俱全。以上这些，均为山西发展钢铁工业的重要先决条件。

山西煤炭资源分布图

源远流长的冶铁历史

山西省冶铁历史悠久，省会太原便是古代中国的冶铁中心之一。铁器的使用曾经一度推动了春秋战国时期的社会变革，在中华文明发展史上具有重要意义。历史文献和考古资料显示，作为华夏文明摇篮的山西地区，早在春秋

晋祠博物馆宋代铁人

战国时期便已开始生产铁器，春秋霸主之一的晋国曾以铁铸刑鼎，作为霸业的象征。战国时期，铁器的用途更为广泛，种类包括铁制农具和武器等，考古专家发现，隶属于韩、魏等诸侯国的今晋南地区和隶属于赵国的今太原地区都曾有生产铁器的作坊。秦汉时期，太原的冶铁业已经比较发达。20 世纪 90 年代以来，这里出土了大量的汉代制造铁器。

隋唐时期，山西的冶铁业逐渐走向繁荣，工艺更臻炉火纯青。作为唐代“三京”之一的太原，成为唐朝北方冶铁业的中心之一。《旧唐书》等载太原生产的铁镜被唐宫列为贡品。最为著名的铁制品要数“并州刀剪”，其以锋利著称，诗人杜甫曾写下“焉得并州快剪刀，剪取吴松半江水”的诗句。唐人卢纶亦有诗云：“并刀难绾竟何人，每成此物如有神”，可见并刀誉满天下。宋元时期，山西成为全国重要的冶铁中心之一，今天太原晋祠尚保留的重要文物“四铁人”和“鱼沼飞梁”，桥头的一对铁狮即为宋代太原所铸之铁制品。

明清时期，山西地区冶铁业发展达到传统时代的巅峰，据史料记载，明代全国 13 个官营冶铁所，山西省就有 5

个，太原府交城县出产的铁还被用来制造兵器，供应宣府大同一线的明军将士。清代太原府及晋东南泽潞两地的炼铁业均十分发达，特别是铁制生活用品的生产工艺已十分成熟。山西晋城境内的大阳镇，以制铁针而出名，在明清时期被誉为“华夏针都”，清末曾来中国游历的德国旅行家李希霍芬在其游记中记载道：“大阳的针，供应着这个大国每一个家庭，并且远销中亚一带。”虽然自鸦片战争后，由于外国输入的铁产品数量增加，中国传统手工业逐步衰落，但是山西泽潞、平定和汾州等地直至民国时期仍有大量炼铁作坊从事土法炼铁。历史悠久的冶铁传统，同样是山西省发展钢铁工业的重要基础。

晋祠博物馆宋代铁狮

有识之士的倡导呼吁

1840 年鸦片战争爆发，英国侵略者以坚船利炮打开了中国封闭的国门，也使有识之士逐渐意识到现代工业对于国家发展的重要性。钢铁被誉为现代工业的骨骼，钢产量一度成为衡量一个国家工业实力的重要指标。特别是对内忧外患的近代中国来说，发展钢铁工业的意义不言而喻，

晚清名臣张之洞

因此，作为“煤铁之乡”的山西省自然受到广大有识之士的重视。

清末洋务名臣张之洞在抚晋期间，就曾有利用山西丰富的煤铁资源兴办钢铁工业的想法。1881年底，张之洞调任山西巡抚，在整顿山西吏治与查禁鸦片的同时，在英国传教士李提摩太的建议下兴办“洋务”，学习西方先进的工业生产技术。在张之洞拟定的洋务方略中，利用山西丰富的煤铁资源发展钢铁生产无疑是重中之重。为此，他联合李鸿章，上书清政府废除了“铁不准海运”的规定，并派人调查山西矿产资源的分布与质量。然而，随着中法战争的爆发，张之洞调离山西，这一颇具远见卓识的方略停顿受挫。后来，深知钢铁工业重要性的张之洞在任湖广总督期间创立了著名的汉阳铁厂，而在山西兴办钢铁等现代工业的梦想只能由后继者实现。1892年，胡聘之就任山西布政使，后升任山西巡抚。在晋为官期间，这位与张之洞同为洋务主将的官员先后创办了太原火柴局、山西机器局、山西通省工艺局等近代工业企业，迈出了山西近代工业化的重要一步，现代化的钢铁工业事业，也开始提上日程。

1911年辛亥革命爆发，清政府被推翻。次年，辛亥元

视察太原时孙中山与山西都督阎锡山合影

勋孙中山先生受邀视察山西，曾在太原文瀛湖畔面对山西各界代表发表了如下演讲："此次到山西，见山西煤铁甲天下。方今钢铁世界，有铁有钢可以自制武器，即能争雄于世界。兄弟拟在山西设一大炼钢厂，造制最新武器，以供全国扩张武备之用，要求军界诸君赞成。"孙中山先生甚至认为山西应以"平定煤铸太行铁"，定能"操全国实业界的牛耳"。孙先生提出的工业强国思想，可以说是山西钢铁工业开创的思想渊源之一。

随着民族危机日益严重，秉承着"实业救国"理想的山西民族资本家也开始积极投资新式炼铁厂。1920年，晋城人刘知章在晋东南传统制针行业的基础上，引进现代工业设备，建立大德制针公司。1926年，由刘笃敬、渠本翘等人创立的保晋公司所属的阳泉铁厂建成投产，率先引进现代化的制铁工艺。据史料记载，阳泉铁厂拥有一座现代化高炉，可以日产15至20吨生铁。阎锡山主政山西后，创办和扩建了一系列以军工企业为核心的工业企业，部分企业拥有炼钢、炼铁设备。如建成于1926年的育才炼钢厂，

育才炼钢厂一吨半电气炼钢炉

◎**小贴士**

电炉炼钢：是现代钢铁生产中较为先进的一种技术，最早出现于1899年，由法国工程师海劳尔特（Heroult）在阿尔卑斯山的一座钢铁厂发明。其主要利用电弧热炼制钢铁，在电弧作用区，反应温度可高达4000℃，这样的温度有利于氧化还原气氛的形成，加快脱磷、脱硫效率，从而提高产品的质量。电炉炼钢通常包括熔化期、氧化期和还原期三个阶段。随着科技的进步，依靠电力的电炉炼钢法更为适应现代社会的发展，目前电炉正在向大型、超高功率以及电子计算机自动控制等方面发展，最大电炉容量可达到400吨左右。

即设有一吨半电气炼钢炉一座，采用当时先进的电炉炼钢技术炼制优质钢材，产品多供应省内军工企业制造武器。

从晚清名臣张之洞到辛亥元勋孙中山，中国近代有识之士的远见卓识坚定了三晋儿女实业救国的信心；民族资本家们新式炼铁工厂的尝试对炼钢工业更是意义非凡，为开创现代化的钢铁工业积累了宝贵的经验。得天独厚的自然资源优势、源远流长的冶铁历史与有识之士的倡导呼吁，为山西发展现代钢铁工业奠定了坚实基础，西北炼钢厂也在 20 世纪 30 年代应运而生。

二　造产救国：“山西王”的钢铁梦

西北炼钢厂的建立，与民国时期山西地方实力派阎锡山密不可分。阎锡山于清光绪九年（1883 年）出生在山西五台县河边村（今属山西省定襄县）的一个小地主家庭，早年曾随父经商，后因躲债来到省城太原。清光绪二十八年（1902 年），阎锡山考取了山西武备学堂，后获得官费保送日本留学的机会，赴日本陆军士官学校学习。在日留学期间，阎锡山成绩优异，并加入了孙中山先生领导的资产阶级政党中国同盟会。清宣统元年（1909 年），学成的阎锡山回到山西担任新军军官，后升任山西新军第八十六标标统（相当于团长）。1911 年，

阎锡山戎装照

辛亥革命的爆发使阎锡山获得了一个新的机会，并最终成为统治山西达三十余年之久的“山西王”。

初试牛刀：从“六政三事”到“厚生计划”

1911年10月10日，湖北革命党人发动武昌起义，辛亥革命爆发。同年10月28日，在山西同盟会骨干温寿泉、阎锡山、赵戴文等人领导下，山西新军在太原南郊举行起义，并很快攻入太原城，成立军政府，推举阎锡山为山西都督。山西起义在辛亥革命史上具有重要意义。孙中山先生曾评价：“使非山西起义，使南北交通断绝，天下之事未可知也。”辛亥革命高潮结束后，阎锡山转而向袁世凯集团寻求支持，以稳固其在山西的统治地位。后袁世凯因恢复帝制遭到全国反对忧惧而亡，北洋军阀群龙无首，阎锡山通过在北洋军阀各派中纵横捭阖逐步摆脱了北洋政府的绝对控制，使山西形成了一个以阎本人为核心的地方实力集团。

阎锡山旧居

1917年，北洋军阀政府任命山西督军

阎锡山兼任省长，由此开始了阎锡山对山西的长期统治。民国初年，阎锡山在山西实行“保境安民”政策，一方面两次扩军维持晋军战斗力，并大力发展军事工业；另一方面重视发展山西文教、卫生与经济事业，取得了很大的成就。在经济领域，最引人注目的是“六政三事”乡村治理，并积极提振山西金融与民族工业发展。在这一过程中，阎锡山还推出“厚生计划”，亦称“发展实业之六大计划”，涵盖炼油、炼钢、机器、电气、农业、林业等领域，这项计划为山西近代工业的发展绘制了宏伟蓝图。

在“炼钢计划”中，阎锡山指出山西冶铁业历史悠久，但是却没有现代化炼钢厂，钢铁需要向外省购买，而山西近代工业特别是军事工业发展迅速，钢铁需求日益旺盛。

◎**小贴士**

六政三事：是民国初年阎锡山乡村治理方略的核心思想。所谓“六政”，指的是水利、种树、蚕桑、禁烟、剪辫、天足（即禁止缠足）。前三项被其概括为“兴三利”，后三项被其概括为“除三弊”。所谓“三事”，指的是种棉、造林、畜牧。阎锡山的“六政三事”与民众生活息息相关，因此受到了山西民众特别是广大农村居民的欢迎。“六政三事”与“保境安民”的主张相辅相成，促进了民国初年山西经济社会的发展，也在民初军阀混战中稳固了阎锡山在山西的地位。

因此，利用山西丰富的煤铁资源发展炼钢工业迫在眉睫。按照计划，阎锡山拟在山西分设育才、经济两座钢厂。育才炼钢厂以为山西培养炼钢人才为主要目的，也向军工产业提供少量优质特殊钢；经济炼钢厂拟分设制铁、炼钢、钢轨、电机四个部门，向全省各行业提供钢铁产品。1925年，育才炼钢厂开始兴建，并于次年正式投产，主要设备均从当时工业强国德国进口。而经济炼钢厂筹备较为缓慢，并未正式投产。即使如此，建成的育才炼钢厂也成为山西近代钢铁工业的肇端，更成为"山西王"实现"钢铁梦"的起点。

"造产救国"：中原大战后的反思

1924年，以国共合作为基础的国民革命运动爆发，两年后的北伐战争将这一运动推向高潮。北伐战争初，阎锡山仍然奉行"保境安民"政策，尽量不与南北双方发生冲突，以静观其变。直至1927年6月，蒋介石领导的"二次北伐"军队

1928年阎锡山与蒋介石、冯玉祥合影

攻占徐州，并准备向济南发动进攻，阎锡山认为北洋军阀大势已去，宣布“易帜”，在省城太原和山西各城市悬挂青天白日旗，与北伐军寻求合作，卷入了蒋主导的讨伐奉系军阀张作霖的战争，并将势力深入到京津地区。

随着张作霖败退东北，北伐取得胜利，蒋介石与各地方实力派的关系也渐趋紧张，并最终酿成了中原大战的爆发。虽然以汪精卫、阎锡山、冯玉祥、李宗仁、白崇禧等人为核心的政治军事集团几乎团结了所有的反蒋势力，阎锡山在战争早期依靠因山西完善的军工体系而装备较为精良的晋军在河北、山东等战场赢得了一些战役的胜利，但是反蒋集团最终失败，阎锡山也被迫下野，离开山西。

◎**小贴士**

中原大战：1930 年 5 至 10 月间，蒋介石与阎锡山、冯玉祥、李宗仁等地方实力集团在河南、山东等地进行了一场新军阀混战，史称“中原大战”。这场战争暴露了以蒋介石为核心的南京国民政府和以阎、冯核心的地方实力派之间的矛盾。在战争初期，阎、冯等地方实力派联合汪精卫等国民党要人共同反蒋，并在津浦线、陇海线和湖南等地取得了一定的优势，但后期蒋介石以重兵反击，张学良集团也见风使舵，拥兵入关，支持蒋方的作战，最终蒋介石集团赢得了战争的胜利。战败后，阎锡山被迫于 1930 年 10 月通电下野，并先后避居于天津、大连。

1931年初，中原大战的硝烟刚刚散去，日本侵华的阴霾却渐渐到来，寓居于大连的阎锡山在日记中写到：“造产增人为中国今日图存之要件，当有分年计划。”所谓“造产”就是发展实业。同年8月，阎锡山以探望生病父亲为由秘密潜回山西。不久，九·一八事变爆发，民族危机严重，阎借此机会复出，在徐永昌等人拥护下就任太原绥靖公署主任，重掌山西大权。

中原大战中的晋军士兵

九·一八事变对阎锡山的震动很大，他在向国民党四届一中全会呈文时指出：“锡山外观各国之富强，内察我国之贫弱，深感中央政府……在经济上应大规模开发物产，由国省县村分别计划进行，如矿产之开发，工业之振兴，农业之改良，以及交通之建设……使人尽其力，地尽其利，以达造产救国之目的。”首次提出“造产救国”（亦称“造产报国”）思想理念。在这一理念

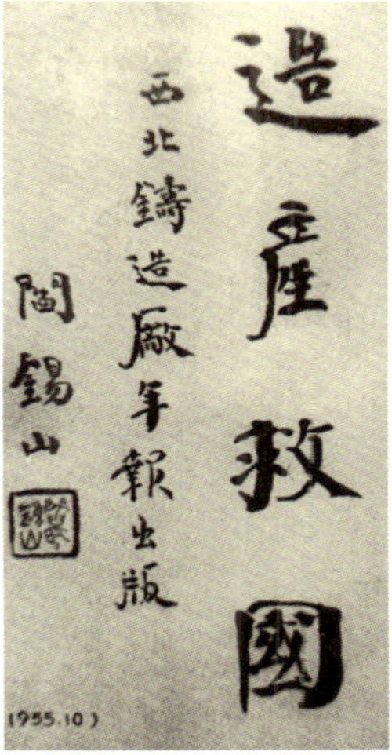

阎锡山手书“造产救国”

“省政十年建设”时期的太原鼓楼

指引下，阎锡山于1932年春成立“山西省政设计委员会”，并开始编订《山西省政十年建设计划案》，旨在促进山西的经济社会发展的“省政十年建设”正式启动。

在计划案“发展公营事业”一节中，专门列有发展钢铁生产的计划，并将炼钢与肥料、毛织、卷烟、苏打、洋灰、印刷等产业列为“创办而必成”的工业领域，决定创建“西北实业公司”以振兴山西工业。

“建设西北”：西北炼钢厂应运而生

西北实业公司可以说是近代山西规模最大的工业企业，对于这一公司，学者景占魁曾有这样的评价：“它是国难当头，民族矛盾加剧下的产物；也是阎锡山坚持封建割据、力图扩张自己势力的产物。”一语中的，道出了阎锡山创办西北实业公司的初衷。它脱胎于阎锡山主导编订的《山西省政十年建设计划案》，关于创办该公司的目的，阎锡山说道：“远自‘九·一八’事变之后，国家即陷于严重的困难当中……鉴于古人‘未雨绸缪’的话，如果今日仍然没有确实自强的计划，实不足以言救亡图存。因此我曾向中央四届一中全会，提出中国自强计划案，并本此编订本省十年建设计划案。这个计划案中规定由发展公营事业一项，因为要从事建设，非从公营事业着手，则很难成功。西北实业公司的成立，就是这个计划实施的一部分。”西北实业公司成立，是阎锡山实践其“造产救国”理念的重要环节。

成立初期的西北实业公司大门

经过一系列的筹备工作，阎锡山于1933年8月1日正式创立西北实业公司，并聘请张恺、彭士弘、曹焕文等山西籍专家在公司担任要职。西北实业公司隶属于阎锡山创办的“山西省人民公营事业董事会”，阎锡山自任公司总经理，由彭士弘担任协理，下分设总务、特产、矿业、化工、纺织五组处理公司具体事务。1934年，西北实业公司已经初具规模，不但对山西原有的铸造厂、机车厂、农工器具厂、机械厂、电气厂、枪炮厂等进行了重组和扩建，在其厂名前冠以“西北”二字，而且还创办了西北煤矿一厂、窑厂、洋灰厂、皮革制作厂、印刷厂、火柴厂等厂矿企业，并且开创了“贸易商行”和“特产经营场”，至此西北实业公司成为山西省首屈一指的大型企业集团。西北实业公司的建立和发展，为山西工业现代化发挥了不可磨灭的作用，特别是在民族危机日益严重的20世纪30年代，公司下属的军工企业，为中华民族的抗日战争积蓄了力量。

西北实业公司的成立，也将这位“山西王”的钢铁梦大大向前推进了一步。阎锡山在公司《西北实业》月刊《发刊词》中说：“山西的煤矿很丰富，铁矿也很多……煤炭钢铁为工业最主要的基础，山西可以构成一个工业区域。”建成完整的“工业区域”，钢铁工业至关重要。国难当头，日本侵略者觊觎华北，发展军工产业迫在眉睫，钢铁工业又是必备基础。随着山西经济社会发展，基础建设也对钢铁提出日益增长需求。然而当时山西的钢铁工业现状并不乐观，除民间土法炼铁作坊外，全省只有一个年产5000吨的阳泉保晋铁厂，而育才炼钢厂等企业虽可生产优质钢铁，但产量低下，甚至连军工生产需求都无法满足，遑论供应铁轨等其他用钢需求了。以上原因坚定了阎锡山创办炼钢厂的决心。于是，阎锡山在西北实业公司基础上，召集全省内外专家，共同商讨建设钢厂事宜。

三 淬火成钢：西北炼钢厂的兴建

俗话说，“万事开头难”，西北炼钢厂的筹备与兴建，同样经历了一段漫长的时光，凝聚着许多人的心血。从成立炼钢筹备委员会，到派员国内外考察、筹集建设资金、购买技术设备、土方土建施工、试炼钢铁产品，直至具备完全生产能力，西北炼钢厂的筹备与兴建进程，成为中国钢铁工作者不畏辛劳、踏实工作的创业精神的一个缩影。

炼钢筹备委员会的成立

在“省政十年建设计划”中，除了创办现代化的工业企业外，值得注意的还有修筑现代铁路。1932 年 6 月，阎锡山成立晋绥兵工筑路局，并决定修建一条贯通山西南北的同蒲铁路，以改善山西省内交通状况。由于铺设铁路所用的铁轨、铁钉等钢铁产品耗费巨大，阎锡山要求西北实业公司加紧组织炼钢筹备委员会，以发展钢铁生产，并选派当时山西最杰出的一批冶金技术人员和管理人员参与其中。据史料记载，组成炼钢筹备委员会的人员大多为具有欧、美、日等地留学背景，或冶金实践经验丰富的管理干部及工程技术人员。这些人员在日后也成为西北炼钢厂的第一批管理及技术人员。

炼钢筹备委员会以郑永锡、董登山、唐敬亭、柴九思为执行委员，该委员会成立伊始即投入到紧锣密鼓的准备工作当中。据日后担任西北炼钢厂轧钢部主任的柴九思回忆，炼钢筹备委员会的办公地点设于当时山西省政府东面的一座小楼中，每位委员会成员都有一间办公室，阎锡山

◎**小贴士**

同蒲铁路：是北起山西大同、南至蒲州风陵渡（今属山西运城），并纵贯山西南北的铁路。该铁路以太原为中心，分为北同蒲铁路和南同蒲铁路。1928 年，阎锡山向国民政府提出修建铁路的要求遭拒后，决定依靠自身力量修建。他邀请中外专家参与勘测与设计，并决定修建窄轨铁路以节约资金。1932 年始建，南同蒲线于 1935 年底竣工，北同蒲线截至1937 年大同沦陷前，除大同至宁武段均已修通。此后的战乱使同蒲铁路时通时断，1949 年新中国成立后，中国人民解放军铁道兵于 1951 年将同蒲铁路完全修通。

民国时期的同蒲铁路

炼钢筹备委员会组成人员表

姓名	教育背景	原职务	拟任职	备注
郑永锡	英国习菲尔大学冶金科	山西兵工厂化炼科长、育才炼钢厂厂长	厂长	字恩三
董登山	留美学习冶金	兵工厂核计处处长	副厂长	字峰先
张益卿	留英	阳泉保晋铁厂副厂长	炼铁部主任	
梁海峤	日本东京高等工业学校	阳泉保晋铁厂化验科长	炼铁部工程师	
唐敬亭	留美	育才炼钢厂技术员	炼钢部主任	
李铭元	日本秋田矿山学校	育才炼钢厂技术员	炼钢部工程师	
沈香士	英国卡内津学校		工程设计室主任	
王青云	留日		炼焦部主任	
柴九思	德国高等工业学校冶金系		轧钢部主任	
韩屏周	留日	育才炼钢厂厂长	修理部主任	

几乎天天都会召集他们开会，询问工作进度，并决定重大事项，足见其对此事的关心。阎锡山与炼钢筹备委员会开会拟定了有关炼钢厂规模、投资额等事项后，便开始派人员考察省内道路、河流和矿山等情况，还多次组织召开会议讨论炼钢厂的选址问题。

关于西北炼钢厂厂址选择，参加筹备委员会会议的阳泉保晋铁厂厂长赵铮等人主张设在晋东工业重镇阳泉。当时的阳泉已经拥有一个现代化制铁工厂，工业基础较为完善。技术专家梁海峤等人则以阳泉缺乏焦煤、水源地以及交通不便等因素予以反对。阎锡山经过权衡后认为，太原交通、水源状况较好，且在他的“眼皮子底下”容易掌控，还可以为省城“增添门面”，便将炼钢厂厂址定于太原城西北的古城村。此地南距太原城垣近四公里，西濒汾河，北靠同蒲铁路，给水和交通都十分便利。

筹备专家精心考察

正所谓“他山之石，可以攻玉”，在确定选址等问题后，炼钢筹备委员会派出一大批技术人员赴国内外其他钢铁企业进行考察，以资借鉴。在国内考察的重点是著名的汉阳钢厂与河南的一家炼铁厂，考察团负责人为柴九思。当时的汉阳钢厂已经停产，只有留守处负责工作。柴九思一行抵达武汉后迅速与汉阳钢厂留守处进行了接洽，请十几位大学生绘制了图纸，为日后西北炼钢厂的设备设计提供了参考。与此同时，日后成为炼铁部主任的张益卿还考察了位于今内蒙古境内的白云鄂博铁矿。

1933 年 6 月，阎锡山还派郑永锡、唐敬亭和柴九思赴欧美考察，他们乘坐意大利邮轮漂洋过海，先后到达德国、法国、英国、美国、比利时、瑞士等国，考察重点是德国。据柴九思回忆，考察团一行抵达柏林后，拜会了德国冶金专家普培，并获得了他的帮助。这位专家是当时享誉欧洲的著名冶金技术专家，曾经为苏联第一个五年计划提出了有关钢铁生产领域的宝贵建议。在柴九思等人的请求下，

1934 年西北炼钢厂专家水源勘探

1934 年西北炼钢厂中外专家勘测设计

普培也为西北炼钢厂基础设计提出了建议。随后，柴等一行参观了鲁尔区的克虏伯公司钢铁厂，并与克虏伯公司达成协议，该公司随即派遣冶金专家恩格巴赫来山西参与西北炼钢厂的设计工作，这位德国专家还曾出任西北炼钢厂的总工程师。同年10月，阎锡山又派梁海峤、沈香士等人前往日本，由于当时的日本对中国实行严格的技术保密，日本考察的收获远不如柴九思等人的德国之行。

上述工作为西北炼钢厂借鉴国内外先进技术奠定了基础。组建炼钢委员会为筹建炼钢厂提供了人员组织基础；考察活动不但使委员会专家们了解了山西省及周边地区的原料、交通与水源状况，而且学习、借鉴了国内外同行的生产、技术和管理经验，为筹建工作铺平了道路。

炼钢厂的设计与兴建

1934年3月，两批出国考察的技术人员先后返回太原，与此同时，炼钢厂各部门建设计划也基本拟定完成。西北炼钢厂隶属于西北实业公司旗下，建设费用大多由西北公司本部调拨，阎锡山还通过发行实业公债等方式为西北炼钢厂筹措建设经费。资料显示，炼钢、炼焦、炼铁、轧钢及厂本部五个部分设备费用以及其他支出预算共计500余万元，后又不断追加，截至1937年，实际投入资金达到

800万元，占同期西北实业公司总资本的40%，同时炼钢筹备委员会也对焦炭、生铁、钢材等主要产品的成本进行了估算。

正所谓“麻雀虽小，五脏俱全”，西北实业公司炼钢筹备委员会技术人员在阎锡山的支持下，将西北炼钢厂设计为一个包含炼铁、炼焦、炼钢、轧钢、维修等各种工艺环节一应俱全的综合性工厂。其主要设备包括如下：

36孔焦炉一座；

103立方米炼铁高炉一座，设备能力40吨；

287立方米炼铁高炉一座，设备能力120吨；

30吨炼钢平炉两座；

650毫米中型轧钢机一部三架。

尽管现在看来这些设备十分简陋，但对于当时内忧外患的中国来说，这样一座生产环节完备的现代化钢铁企业还是非常罕见的。

1934年西北炼钢厂开始打地基

1934年4月，西北炼钢厂正式成立，原炼钢筹备委员会主要人员分任炼钢厂各部门管理人员。随后三个月，在德国顾问恩格巴赫以及中国技术人员的努力下完成了基本设计工作，不久即开始购置各生产部门所需设备。西北炼钢厂各部门基本设计工作及主要设备购置情况有如下表。

西北炼钢厂主要生产部门图纸设计及设备购买来源表

部门	设计者	设备来源	备注
轧钢部	柴九思	德国魏格玛公司	
炼钢部	斯克拉道夫、包大连	西北实业公司自造	斯氏系流亡中国的白俄教授
炼铁部	梁海峤及从日本公司购买图纸	从日本企业购买及西北实业公司自造	高炉及热风炉等由育才炼钢厂、西北铸造厂等企业自造
炼焦部	德国亨泽尔曼公司	德国亨泽尔曼公司	由德国工程师伊斯劳安装

1935 年西北炼钢厂焦炉混凝土灌浆作业现场

1936年建设中的西北炼钢厂炼铁课车间

1934年8月，炼钢厂设计工作基本完成后，随即开始破土动工，进行土方、土建等工程建设工作。据时人回忆，由于当时的西北炼钢厂没有自己的工程建设部门，因此在建设过程中，几乎所有的厂房建筑与设备安装均实行承包制。具体做法是先由本厂技术人员进行估算，再上报厂部和阎锡山。精打细算的阎锡山大多采用报价低于估工的承包商进行具体施工。资料显示，土方工程大多由包工头承包，再临时雇佣民工开挖；土建工程主要由北平同成公司，天津龙虎公司和山西、河北、河南等地的私人包工队承包。在中外技术人员与工人的努力下，经过三年的建设，至1937年秋，西北炼钢厂主体建设工程基本完成。其中炼钢平炉设备全部安装完毕，并用废钢试炼出两炉钢，高炉、焦炉的本体建设也基本完成，轧钢设备亦安装完毕，甚至

1937 年西北炼钢厂建设中的 36 孔焦炉

◎小贴士

西北窑厂：始建于 1933 年，当时的西北实业公司考虑到山西适于制造耐火材料、陶瓷和玻璃等产品的矿产资源十分丰富，故于该年 3 月创办西北窑厂，早期主要生产民用产品，包括陶瓷、玻璃等。1935 年前后，随着西北炼钢厂建立在即，耐火砖等耐火材料的需求量日益增多，西北窑厂转而以生产耐火材料为主。1937 年太原沦陷后，侵华日军将西北窑厂改称太原窑厂，1945 年由西北实业公司接收，并恢复原厂名。1949 年太原军管会接管西北实业公司各厂后，逐步将西北窑厂并入西北钢铁公司统一管理。后经过多次组织机构改革，原西北窑厂被重组为今日之太钢集团耐火材料厂。

贴上了对联，烧了香，随时准备试验设备。

西北窑厂生产的耐火砖

为了保证西北炼钢厂耐火砖的供应，西北实业公司还对其下属的西北窑厂进行扩建，并试制耐火砖。在窑厂技术人员荣伯沈、宋忠恕等人的努力下，窑厂成功试制理化性能合格的耐火砖，并很快投入生产。截至1936年，西北窑厂生产的耐火砖等产品不但可以完全保障西北炼钢厂使用，而且还外销创收，产品远销至西安、浦口等地。

据史料记载，1937年建成的西北炼钢厂可以日产焦炭240吨、生铁160吨、钢锭240吨，共有职工2300余人，本来预定于该年10月正式开工投产。然而，彼时的中国已是山雨欲来风满楼，日本侵略者早已觊觎华北地区，并于1937年7月7日发动了卢沟桥事变，很快平津失陷，山西危在旦夕。在这样危急的情况下，西北炼钢厂注定会经历一段不同寻常的历程。

四 沦入敌手：日据时期的“太原铁厂”

1937年7月7日，侵华日军发动卢沟桥事变，大举侵略华北；同年8月13日，日军进攻上海，淞沪会战爆发，侵略者的猖狂进攻也揭开了中华儿女全面抗战的序幕。9月，已占领平津地区的日本侵略者将其魔爪伸向了煤铁资

太原会战中浴血奋战的中国士兵

源丰富的山西，随后太原会战爆发。中国军民奋力抵抗，历时一个月的忻口战役粉碎了日军“速战”的美梦，中国共产党领导下的八路军一一五师亦取得了平型关战役胜利。但是，娘子关的失守终使太原危在旦夕，西北实业公司开始考虑搬迁事宜，刚刚建成的西北炼钢厂终未正式开工。1937 年 11 月 8 日，随着太原沦陷，西北炼钢厂亦沦入敌手。

从西北炼钢厂到“太原铁厂”

太原会战期间，西北实业公司加紧组织下属各厂搬迁事宜，由于战争需要，西北制造厂等军工企业被优先搬迁

◎**小贴士**

太原会战：全面抗战初期中国军队同日军进行的一次战役，与淞沪会战、徐州会战、武汉会战并称为正面战场的四大会战，因忻口战役在该会战中处于核心地位，因此该会战也被称为忻口、太原会战。1937 年秋，日军向山西发动进攻，太原会战爆发。国共两党两军通力合作，先后同日军进行了平型关战役、雁门关战役、忻口战役、娘子关战役和太原保卫战等战役，沉重打击了日本侵略者的嚣张气焰，其中仅忻口战役就毙伤日军达两万人。后因娘子关失守，中国军队陷入被动，日军占领太原。虽如此，但该战役仍不失为抗战初期华北战场上规模最大、战斗最激烈、持续时间最久、战绩最显著的会战之一。

1936 年基本建成的西北炼钢厂鸟瞰图

至晋南、陕西和四川等地，而西北炼钢厂除少量文件、图纸和材料等获得转移外，其余设备和原料均沦入敌手。太原沦陷前夕，西北炼钢厂厂长郑永锡携带宝贵的图纸和少量材料辗转来到甘肃天水，希望能在当地发展钢铁生产，但由于种种原因终未成功。轧钢专家柴九思在太原沦陷后辗转来到重庆，先后在重庆钢厂和渝鑫钢厂任职，为上述企业的发展做出了贡献。

日本侵略者占领太原后，一方面疯狂掠夺各厂设备，将较为先进的设备拆运至日本本土及“伪满洲国”；另一方面对太原、大同、阳泉等地的大小工厂实行“军管理”，后又委托给随军进入山西的日本财阀经营。1942 年，由于日本迅速灭亡中国的美梦已沦为泡影，加之太平洋战争爆发后，日本面临多线作战的困境，于是提出了“以战养战”的方针，取消了“军管理”，集合国内财阀势力成立若干资本集团管理中国境内的大小工厂，掠夺中国的资源和财富。在山西，日本成立了由 13 家日本财阀投资的“山西产业株式会社”，打着“日华合办”的旗号，统一管理山西的工业企业。从 1937 年太原沦陷，到 1945 年日本投降，

1937 年 11 月 8 日日军占领太原

西北炼钢厂也先后经历了“军管理”与“日华合办”两个阶段，侵略者将承载着三晋儿女工业强国梦的西北炼钢厂牢牢地绑上了侵略战车。

“军管理”下的太原铁厂

日本侵略者进入太原后，随即对西北炼钢厂和西北窑厂等工业企业实行野蛮的“军管理”。在“军管理”时期，西北炼钢厂被称为“军管理第六工场”，后更名为“太原铁厂”；为炼钢厂提供耐火材料的西北窑厂改称“军管理第八工场”，后更名为“太原窑厂”。

1938 年初，日本殖民当局将太原各工厂以“委托经营”方式分配给日本财阀经营，殖民企业兴中公司与著名财阀

1937 年被日军占领的西北炼钢厂

企业大仓矿业株式会社获得西北炼钢厂的控制权，并由大仓矿业株式会社在山西的代表高桥铁造担任厂长。为进一步掠夺山西的钢铁资源，日本财阀加大资金投入，在两年内投资近 66 万日元，并加紧建设战前未完成的基建工程。与此同时，西北窑厂也被委托给大仓矿业株式会社经营。

1938 年初，日本殖民当局开始逐步恢复炼钢厂生产，并对设备进行修缮与扩建。日方先后完成了炼铁、炼钢、轧钢等部门的扩建，又重新规划和兴建了供水、供电等管

◎小贴士

兴中公司：抗战期间日本为实现对中国尤其是华北地区的经济殖民而成立的殖民企业。1935 年成立于天津，由日本经济侵略机构“南满铁道株式会社”投资 1000 万元作为主要股东，因此兴中公司亦称“满铁兴中公司”。1937 年，随着日军占领华北多个重要城市，该公司也在日本军方支持下参与掠夺平津、山西、河北等地大量厂矿企业，垄断煤炭、钢铁、电力、通讯、航空、盐业等多领域经营，被称为“日本经济进入华北的桥头堡”。

日本殖民企业兴中公司

线设备。随着战争的推进，日本侵略者基本控制了山西同蒲铁路沿线地区的煤、铁矿，特别是在其占领临汾、运城等地后，晋南地区亦成为沦陷区，大量煤铁采矿所成为日本侵略者掠夺对象，从而保证了太原铁厂煤炭、焦炭与铁矿石的供应。与此同时，日方以各种方式吸引因战火而逃离岗位的原炼钢厂工人回厂工作。投靠日本的把头们在太原上北关、小北门等地挂起“膏药旗”，为日本侵略者招收工人。1941 年 11 月 4 日，日本占领下的太原铁厂正式恢复生产。

随着钢铁厂生产的恢复，为弥补劳力不足，日方曾将大量战争俘虏分配到太原铁厂和太原窑厂等各个工厂充当苦力。例如，1941 年日军在中条山击溃驻守当地的国民党中央军后，将大量俘虏押送至位于太原城北的战俘集中营，这些战俘遭受了非人的虐待后，又经过日方所谓的“教化”，于 1942 年被分配给太原各个工厂充当奴工，其中 300 余人被派往太原铁厂，200 余人被派往太原窑厂。日方也诱骗农民进厂充当苦工。如 1942 年晋东南和河南等地遭遇灾荒，日方乘机在晋城、高平、沁水和河南安阳、焦作等地“募集”工人，大肆宣传说“到太原上工赚钱多吃得好”，大约 500 名农民被骗往太原铁厂和太原窑厂成为苦工。日本侵略者采用上述方式解决劳动力问题，可见其掠夺中国资源的险恶用心，通过完全剥夺劳动者人身自由的方式榨取劳动力，也是殖民企业的基本特征之一。

“日华合办”下的太原铁厂

1942 年 1 月，日本殖民当局为掩盖其侵略本性，实现其“以战养战”的目标，遂打出“经济提携”和“中日亲善”的招牌，成立山西产业株式会社，统一管理太原厂矿企业，太原铁厂与太原窑厂一并划归山西产业株式会社管理。这一时期的太原铁厂，完全沦为日本侵略者掠夺中国煤铁资源的工具，依附性的经营体制、殖民化的劳务状况与掠夺式的低效生产成为主要特色。

据日本学者内田知行研究，太原铁厂的经营管理呈现出明显的依附性色彩，各部门管理人员多由日本人充任。如高桥铁造继续留任厂长，中岛延吉担任压延课课长，永田锐一担任铣铁课课长，其余的工务、劳务、动力、经理等课课长及课下设立的各系系长均完全由日方人员担任。在主要的生产部门当中，“系”一级下还设若干生产小组，生产小组组长也多为日本人。为了加强日方对太原铁厂的绝对控制，驻厂日本籍职员逐年增多。资料显示，1939 年驻厂日方人员仅为 82 人，1940 年达到 281 人，1941 年为 349 人，1942 年为 376 人，到 1943 年达到 407 人。这些日方人员不但完全把持太原铁厂的管理权，而且垄断了主要的生产技术。以 1939 年为例，太原铁厂共有 187 名日籍职工，其中技术员 155 人，事务员（即职员）28 人，杂役 4 人；中国人 1277 人，全部为工人和杂役。铣铁课某次装炉作业时，分布在各个操作点的中国人达 70 多名，却只能负责搬运、跑腿等简单体力工作。

从 1942 年开始所谓“日华合办”时期，太原铁厂对华工进行了极为毒辣的毒化政策。日方管理者通过日本工头和中国把头控制中国工人，一方面引诱工人吸毒和赌博，并制定了严格的规章制度实施管理，动辄对工人进行打骂体罚；另一方面强迫中国工人学习日语，并接受其奴化教育，要求中国工人成为其建设“大东亚共荣圈”的工具。在工资收入与生活水平方面，中日职工也存在巨大差异。1942 年后，每个中国工人每月只能领到 30 斤高粱或黑豆，如此收入使中国工人连养活自己都成问题，更别说养家糊口了。而同期日本职工的收入则是华工的 10 倍以上甚至更多。据史料记载，“中方人员平均工资为 30.84 圆，而日方人员平均工资则为 291.1 圆，相差近十倍”。此外，日本职工还可以享受在勤津贴、家属津贴、补助金等附加收入，并拥有宿舍、食堂、澡堂等福利设施。中国工人不但收入少，而且时常因各种原因受到日方的责难与体罚。例如，1944 年初，一号高炉发生爆炸，日方将此事故定性为中国工人“通共”，故而予以严惩。由于工人生活水平低下、劳务管理措施不合理以及工资福利待遇差异悬殊，工厂内时常发生罢工和暴动事件，特别是在 1944 年以后，罢工运动此起彼伏。

在生产方面，由于日本恢复太原铁厂生产的主要目的是服务其侵略扩张和殖民统治的野心，因此在生产过程中时常滥用机器设备，忽视日常维护与修理，缺乏生产备件和设备检修机制，从而导致事故频发。以炼铁部门为例。在日寇占领期间，原炼铁课被日方称为“铣铁工场系”，日本人原良太郎和永田锐一负责管理。1940 年底正式恢复生产，在高峰时期产量一度达到设计能力的 75%，然而仅两年后，因原料和设备等问题，炼铁能力不断下降。由于日本方面垄断生产技术，中国工人不具

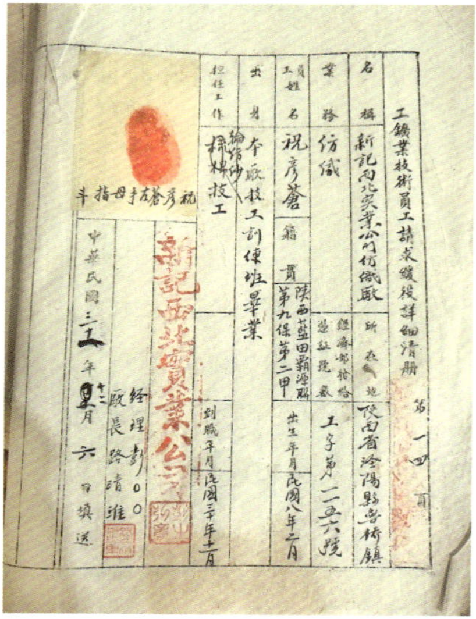

新记西北实业公司职工登记表

备操作能力，因此设备使用不当的问题时有发生。抗战后期，1944 年底美国空军曾轰炸太原铁厂，导致炼铁高炉损毁严重，特别是日据时期粗制滥造的两座高炉更是完全停工，炼铁部门生产效率进一步降低。至 1945 年日本投降前夕，太原铁厂濒临停产状态，炼钢、炼焦等部门几乎完全停产。

太原铁厂的日据时期是一段无法抹去的屈辱岁月。太原沦陷时期，西北炼钢厂的部分人员辗转晋南、陕西、四川、甘肃、重庆等地，怀揣着救国梦想，或在新记西北实业公司旗下试办炼钢厂，或加入其他企业，继续书写着中国钢铁人工业救国的英雄赞歌。

◎小贴士

新记西北实业公司：1937 年 11 月太原沦陷后阎锡山在大后方重建的西北实业公司，被称为新记西北实业公司。1939 年 7 月初在陕西宜川官亭镇成立，彭士弘任经理，由宪治任协理，及至 1943 年，该公司在晋南和陕西分散设立了五厂一所，包括：机器厂、毛织厂、棉纺厂、火柴厂、化学厂和化学研究所。1945 年初，新记西北实业公司在山西孝义兴建钢铁研究所，希望逐步恢复钢铁生产。据载，孝义钢铁研究所主要设备包括半吨熔矿炉 2 座，日产 1 吨的罐子炼钢设备 1 套，拥有职员 50 人，工人 200 人，设计生产能力为生铁 60 吨，枪筒钢 30 吨。

五　不屈斗志：炼钢厂工人的抗日斗争

作为山西乃至全国重要的钢铁企业，西北炼钢厂早在成立之初，中国共产党即对其十分重视，在炼钢厂成立了党的地下组织。随着日军发动全面侵华战争，民族危机日益严重，全民族抗战兴起，中国共产党领导下的西北炼钢厂工人，为中华民族的抗日战争事业的胜利做出了不可磨灭的贡献，书写了西北炼钢厂发展史上的壮丽篇章。

西北炼钢厂党组织的建立

1935 年，中共中央政治局在陕北举行瓦窑堡会议，通过了《关于目前政治形势与党的任务决议》，在会上，毛泽东发表了《论反对日本帝国主义的策略》，提出抗日民族统一战线政策，把全国抗日救亡运动推向高潮。与此同时，隐蔽在阎锡山政府机关和各社会团体中的共产党员和进步人士杜任之等人主张成立“抗日救国同盟会”，后阎锡山和梁化之等推动成立“牺牲救国同盟会”，即“牺盟会”，这一组织逐渐发展成为中国共产党主导下的抗日民族统一战线组织。牺盟会成立后，中共太原市委以之为依托，在西北炼钢厂成立地下

牺盟会徽章

◎小贴士

牺盟会：全称为“山西牺牲救国同盟会”，是阎锡山集团与中国共产党合作的产物，具有抗日民族统一战线性质。1936年9月18日成立于山西太原，由阎锡山任会长，共产党人薄一波任秘书长，实际主持日常工作。牺盟会总部下设组织训练委员会、宣传训练委员会、军政训练班、民训干部班、国民兵军士及军官教导团等机构，并向太原各区和山西其他市县、农村派出工作人员，领导各地的群众性抗日救国运动，并训练抗日武装力量。此外以举办各科训练班和成立10个国民军官兵教导团的形式，培养了大批抗日救亡运动骨干。1937年，牺盟会先后成立山西青年抗敌决死总队、山西新军等抗日武装，并于太原失守后开展抗日游击战争。1939年后，因国民党掀起反共浪潮，牺盟会及其领导下的抗日武装力量也与阎锡山分道扬镳，参加到中国共产党领导的抗日斗争中。

党组织，并领导该厂的工人抗日运动。

早在牺盟会成立前，尚在创建阶段的西北炼钢厂已经出现了由进步工人自发组织的左翼团体。1935年末，西北炼钢厂进步工人张有余等人自发组织了左翼团体工人抗日救国会，向广大工人宣传抗日救国思想，并积极向党组织靠拢。据“工人抗日救国会”的干部刘斌回忆，该会通过民主选举产生领导干部。第一主席兼工人纠察队长为张有余，第二主席为刘斌，王喜山任组织委员，温国栋任宣传委员，活动点设在西北炼钢厂古城村工人宿舍与太原北门街东二道巷内。“工人抗日救国会”制定了严格的入会标准，先后发展了60余名会员，在西北炼钢厂工人中产生了极大的影响。在其组织下，西北炼钢厂进步工人时常相聚一堂，共唱《国际歌》，并秘密阅读和学习《共产党宣言》及地下党组织自办进步刊物。

1937年，太原牺盟会派出特派员王其昌在炼钢厂工人宿舍所在地古城村成立办事处，并以牺盟会为依托联系工人、宣传抗日救国思想。王其昌在西北炼钢厂举办工人夜校，为工人们讲述抗日救国的道理与革命烈士的故事，积极发展牺盟会会员，为成立党组织做准备。在此期间，牺盟会炼钢厂办事处还组织炼钢厂工人参加了1937年5月1日在太原文瀛湖畔举行的国际劳动节游行，广大工人的爱国主义觉悟得到进一步激发。

牺盟会在太原文瀛湖畔组织国际劳动节游行

1937 年 4 月，中共太原市委派西北毛织厂地下党员白俊卿赴西北炼钢厂主持建党工作，同年 7、8 月间，西北炼钢厂党支部成立。与此同时，炼钢厂进步工人们自发组织的“工人抗日救国会”结束历史使命，宣布解散，其成员加入西北炼钢厂的牺盟会分支机构中，刘斌等积极分子被吸纳为中国共产党党员。西北炼钢厂支部由白俊卿担任支部书记、任学坎担任组织委员、刘斌担任宣传委员，三人组成支部委员会领导西北炼钢厂的党组织建设。

1937 年 7 月平津沦陷后，山西局势骤然趋紧，新成立的西北炼钢厂党支部很快投入到紧张的抗日工作中。党支部积极地向工人们宣传抗日救国思想，启发他们的爱国热

八路军驻晋办事处旧址

情；为团结工程技术人员与知识分子，组织读书会商讨时局；此外，党支部以牺盟会为依托，在炼钢、炼焦和轧钢等部门先后成立分支机构，炼钢厂工人大会也在此时成立。与此同时，党支部邀请八路军驻晋办事处的红军战士为工人们讲解军事知识与游击战术，组织工人到太原国民师范学习军事知识。9 月 18 日，西北炼钢厂工人参加了山西省牺盟会组织的抗日游行，并成立了工人武装自卫队（以下简称“工卫队”），将工人抗日运动推向高潮。

1937 年 10 月下旬，山西抗战形势危急，太原危在旦夕。在上级部门领导下，工卫队撤离太原，许多参加工卫队的西北炼钢厂工人也随队转移至山西文水、交城等地，继续参与中国共产党领导的抗日游击战争。

“工卫旅”炼钢工人抗日斗争

西北炼钢厂参加工卫队的工人们在与敌伪的战斗中，始终保持着工人阶级任劳任怨、不畏牺牲的拼搏精神与优秀品质，书写了可歌可泣的英雄赞歌。1937 年 10 月 27 日，工卫队撤离太原，经晋祠、清源等地到达交城东关一带继续整训，后改编为“工卫旅”，隶属于八路军晋绥根据地领导。据时人回忆，西北炼钢厂的数十名工人与其他工厂的工人们共同组成八路军领导下的工卫旅第六中队，转战于吕梁山地区，与日寇进行了数十次苦战，为开辟和巩固晋绥革命根据地、建立中国共产党领导下的抗日政权创造

◎**小贴士**

工卫旅：全面抗战期间，中国共产党利用和阎锡山的统战关系在太原成立的一支工人武装自卫总队，是山西新军的一部分。该军队以太原及榆次等地各厂进步工人为主要兵源，成立于1937年9月。工卫旅前身即工卫队，史学界多以1937年9月27日为工卫队诞生纪念日，因为该日西北毛织厂的25名先进工人由工人委员会的李子丰带队来到太原国民师范参加军政训练，随后逐渐形成规模。1937年10月，由西北毛织厂、西北印刷厂、西北炼钢厂等厂工人组成的工卫队人数已达800人左右，设一个总队，下编两个大队、5个中队，每个中队下编3个分队，分队下编3个子队，相当于由正规军队中由团到班组的建制。太原失守后，工卫队撤至山西汾阳、文水、交城一带开展抗日游击战争，后改称工卫旅。1939年后被编入八路军第一二〇师战斗序列，后被缩编为第二十一团，继续参与抗日斗争。解放战争期间，被编入西北野战军，1949年2月全军统一序号改称为中国人民解放军第一野战军第三军第七师第二十一团。

抗战时期的工卫旅

了有利条件。从 1938 年初的九里湾战斗开始，西北炼钢厂的工人们随工卫旅第六中队参与了岩村、东庄、北徐、晋祠、罗城等多次战斗，许多曾经的炼钢工人为中华民族的抗战事业献出了宝贵生命。

1938 年 2 月，工卫旅第六中队于离石县东山的九里湾第一次与日军接触，在这场遭遇战中，原西北炼钢厂工人王银山、王福贵英勇牺牲，为抗日救国事业献出了自己年轻的生命。据他们的战友回忆，当时已成为营政治工作员的王银山英勇机智，打仗在前，撤退在后。当时他为了掩护战士们撤离，全身中弹达十八处之多，最终英勇牺牲，年仅 18 岁。

1939 年初，日寇突然包围了位于文水县北胡家堡的我军工卫旅特训队（即工卫旅党员干部训练班）驻地。为帮助大家突围，已升任工卫旅特训队指导员的原西北炼钢厂工人王其昌带领特训队一连战士们英勇冲锋，杀出了一条血路，成功掩护特训队大部分人员转移至深山。然而，王其昌的双腿却被飞弹炸伤，他拒绝了战友们的救助，并将自己随身携带着的重要文件交给战友王喜山。等大家含泪撤离后，已经身负重伤的王其昌拉响了一捆手榴弹，与包围他的日伪军同归于尽，年仅22岁。全面抗战期间，还有原西北炼钢厂工人张凯、王义等人在硝烟弥漫的抗日战场上献出自己年轻的生命，为中国人民的抗日战争贡献了力量。

留守钢铁工人的不屈抗争

1937年日本侵略者控制西北炼钢厂后，将其更名为“太原铁厂”，并实行野蛮的殖民化管理，地下党组织与日益发展的工人运动一度陷于停滞状态。然而，已经燃起的星星之火并不会因此而熄灭，在中国共产党的领导下，炼钢厂工人们进行了一次次英勇的抗日斗争。

1940年，为配合中国共产党在敌占城市中地下工作的开展，太原市周边的晋察冀、晋绥、太行、太岳四大边区党委先后成立相关机构领导工作。负责太原北部地区地下斗争的太行二地委、晋绥八地委也先后成立城工部。是时，李玉昆、郭守忠、张昭等人被上级部门派往

日据时期的太原铁厂

炼钢厂，以工人身份为掩护从事地下工作。例如，曾在延安抗大学习并加入中国共产党的青年铁路工人李玉昆以火车司机身份入炼钢厂工作，他深入工人当中，团结了一大批进步工人，还将一些优秀工人介绍到根据地工作。

与此同时，农村根据地各工作团利用部分炼钢厂工人回乡之际发展地下党。中国共产党在炼钢厂的地下活动随之恢复，地下党组织也重新建立起来。例如，晋绥八分区城工部阳曲县工作团利用阳曲籍炼钢厂工人回乡探望之际与其建立地下关系，该县籍工人王贵英、王殿英、武拴虎等人因此与城工部建立关系，并且城工部通过这些工人将其他地下工作者介绍到炼钢厂工作，进一步壮大了地下党组织的力量。地下党广泛团结工人，宣传抗日救国思想并组织工人运动，破坏日伪钢铁生产，为抗日战争的胜利立下了汗马功劳。

1941 年春节期间，因日方拖欠工人工资，致使许多工人生活困难。因此，地下党通过串联，组织数十名工人罢工，高炉车间完全停产，迫使日方为中国工人提高待遇。1945 年，随着抗战反攻阶段的到来，地下党领导的工人运动也随之达到高潮。年初，工人在地下党领导下，把剪断并经过特殊处理的通点电线放入重油池内，引起大火，使重油被烧尽，多个生产车间、办公室也被烧毁，日本控制下的太原铁厂几乎完全陷入停工状态。

从 1935 年末进步工人成立“工人抗日救国会”，到 1937 年西北炼钢厂正式成立中国共产党支部，直至太原失守，西北炼钢厂的进步工人在中国共产党的领导下于根据地与沦陷区两条战线上与侵略者进行斗争。西北炼钢厂自成立之日起就与中国共产党领导下的工人运动结下不解之缘，在斗争中积累宝贵经验的同时，更为中华民族的抗日事业做出了不可磨灭的贡献。

六 重上轨道：西北炼钢厂的接收与复工

1945年，中国人民的全面抗日战争进入第八个年头，在广袤的中国大地上，无数中华儿女团结在抗日民族统一战线旗帜下为民族自由奋勇抗击侵略者，终于迎来了胜利的曙光。与此同时，美国在日本广岛和长崎投下原子弹，苏联红军向盘踞在中国东北的日本关东军发起进攻，中国人民也开始在各个战场全线反攻，曾经猖狂的日本侵略者终于在1945年8月15日宣布无条件投降，中华民族的抗日战争正式宣告胜利。抗日战争是中国近代以来反抗外敌入侵第一次取得完全胜利的民族解放战争。抗战胜利后，曾经的“山西王”阎锡山重返太原，开始对原西北实业公司下属各厂进行接收，西北炼钢厂也开启了新的一页。

西北公司接收的博弈与较量

抗战胜利后，国民政府对曾经沦陷区的敌伪资产进行了大规模的接收。这是国民党恢复其全国统治的一个重要步骤，其中，经济接收是其重要组成部分，而工业接收又是经济接收的重点。对于“山西王”阎锡山来说，战前统治的核心区太原亦成为接收的重中之重，以“太原铁厂”为核心的工业设施尤为重要。1945 年初，为了能够在第一时间抢占胜利果实，阎锡山就将晋军主力集结于孝义、介休等地，准备接收太原。

抗战胜利后，重庆国民政府也为接收敌产进行了准备，

◎小贴士

收复区全国性事业接收委员会：抗战胜利后国民党中央成立的敌伪资产接收机构。1945 年 8 月 15 日日本投降后，国民党中央决定成立接收机构负责对原沦陷区敌伪资产进行接收。起先成立了隶属于军方的党政接收计划委员会，该会由何应钦任主任委员。后实行军政分离，成立收复区全国性事业接收委员会负责敌伪产业接收，委员会下辖苏浙皖、河北平津、山东青岛、粤桂闽区四个敌伪产业处理局，另在武汉区和河南区设立敌产处理办公处。该委员会隶属于国民政府行政院，负责除军事系统外其余的经济接收，是国民政府战后重要的接收机构。

成立专门性接收机构。1945 年 8 月 15 日，国民政府行政院制定了《各部会署局派遣收复区接收人员办法》，并在陆军总部之下成立党政接收计划委员会，具体负责全国各沦陷区敌伪资产的接收工作，其中负责山西地区接收事务的是河北平津区敌伪产业处理局的派出机构。此外，国民政府财政、经济和交通等部门亦派人员至山西办理接收事宜。

与此同时，阎锡山也急于接收在山西的敌伪资产。1945 年 8 月日本投降到 1945 年 10 月以前，敌伪产业接收事宜均由中国陆军总司令部总领，抗战时期山西等地被国民政府划为第二战区，因此山西地区敌产接收均由第二战区司令长官司令部实际负责。后来在第二战区司令长官司令阎锡山的授意下，山西也成立了具体负责地方敌伪产业接收的专门机构——接收清理委员会。资料显示，接收清理委员会的要员赵承绶、梁上椿、彭士弘等人均为第二战区司令长官阎锡山的亲信。在对山西省工业设施接收的工作中，以西北实业公司为主体。

在具体接收中，以蒋介石为核心的国民党中央政府和以阎锡山为核心的山西地方政权展开了激烈的博弈，成为国民党战后接收中的一段插曲。1945 年 8 月 15 日，西北实业公司经理彭士弘在阎锡山的授意下先期抵达太原，于 9 月 1 日完成了对原属西北实业公司的 26 座厂矿企业和日据时期新建的 13 座厂矿的接收。待国民党中央政府的接

画报中的西北实业建设公司

收代表抵达太原时，只能接受山西省敌伪产业已由阎锡山当局接收完竣的既成事实。资料显示，作为国民党中央政府有关部门派出机构的平津敌伪产业处理局太原办公处最终只接收了一些收音机、自行车、包袱皮、橱柜、木箱及一些零部件。

这位曾经的“山西王”，最终接收了包括西北炼钢厂在内的太原大部分工矿企业，甚至将战前私营的部分工厂也据为己有，在与国民党中央政府的这场接收较量中取得胜利。接收后的西北实业公司，在向国民政府经济部立案时，被其以“天津某商号立案在先，亦名西北实业公司”为由予以拒绝，只能更名为“西北实业建设公司”，不过，西北实业公司的名称仍然在公司内部长期使用。

西北炼钢厂的接收过程

1945 年 9 月 1 日，育才炼钢厂厂长刘笃恭奉命接收了日本人控制下的“太原铁厂”，并将其复名为“西北炼钢厂”。

同年 10 月，西北实业公司经理彭士弘决定留用日方人员高桥铁造为厂长，并将当时正在山西孝义建设钢铁研究所的梁海峤调回太原，担任副厂长。这一决定，遭到了梁海峤的拒绝。据梁晚年回忆，当时他听说这个决定后感到十分生气，直接向彭士弘表示：“日本人投降了还来指挥我，我不干！”为此，彭士弘只好自己兼任炼钢厂厂长，高桥铁造和梁海峤同为副厂长，而实际工作由梁海峤主导负责。

◎**小贴士**

梁海峤（1899—1992）：1899 年生于山西省定襄县，1928 年毕业于日本东京高等工业学校化学系，毕业后怀着工业救国的理想先后在太原工业专科学校、石家庄炼焦厂和阳泉保晋铁厂工作，工作期间掌握了现代化炼铁技术。1933 年，梁海峤加入阎锡山为筹建西北炼钢厂而成立的西北实业公司炼钢筹备委员会，负责炼铁部的筹建工作，期间曾前往日本考察炼铁技术。西北炼钢厂成立后，先后担任炼铁部工程师和部主任等职务。1937 年太原沦陷后来到大后方，先后任陕西耀县铁厂厂长、山西孝义钢铁研究所主任等职。1945 年抗战胜利后任西北炼钢厂副厂长，并实际主持炼钢厂工作。1949 年太原解放后留任，先后担任西北炼钢厂生产副厂长、西北钢铁公司副经理等职务，1953 年后调任河北宣化钢铁厂担任工程师。1988 年，退休后的梁海峤当选为山西省西北实业公司联谊会名誉会长。1992 年于天津逝世，享年 93 岁。

与此同时，长期为炼钢厂供应耐火材料的窑厂亦被接收，复名为西北窑厂。

在对炼钢厂等工矿企业接收时，西北实业公司规定：“一、原开工之各厂，不得借故停工；二、原有人员在接交手续未清前，须继续负责，不得推卸；三、接收人员进驻厂内，须负监督之责。”西北炼钢厂新到任副厂长梁海峤担负起“监督之责”，在办理设备物资接收手续后，对全厂进行物资、原料、厂房和设备的清点排查工作。

接收后的西北炼钢厂，厂区面积、厂房建筑和设备规模与抗战前相比没有太大变化，然而由于日据时期日寇时常滥用设备，大部分机器设备均已出现损坏现象，部分设备甚至完全遭到破坏。据时人回忆，炼焦炉“在日寇统治后期业已灭火停工，日寇投降后详加检查，当时焦炉内壁凹凸杂陈，龟裂丛生，各种机具也大多残缺不全，必须经过大修才能复工”。炼钢课两座三十吨平炉均因破损而完全停工；炼铁课四十吨炼铁高炉“于1944年4月12日被美国飞机炸伤后，一直停产未修”。此外，1946年前后的轧钢课生产能力只有原有能力的

接收后的西北炼钢厂炼铁高炉

40%，动力课各发电机组总发电量仅为设计能力的 35%，而全厂水井供水能力不足 1937 年的 25%，只能依靠汾河水供应。由此可见，日本侵略者的掠夺性生产给西北炼钢厂带来了严重的创伤。

接收后的西北炼钢厂

阎锡山接收西北炼钢厂后，对厂内组织系统进行了调整。资料显示，当时的西北炼钢厂分设动力、工务、炼焦、炼铁、炼钢、碾钢、总务、会计、线材、运输、调度十一课，此外还设有工程师室与医疗、分析等所。每课设立正副课长各一人，生产部门课长多由技术人员担任。工程师室、医疗所、分析所等机构负责人为主任。课下设股，每课二股到四股不等，股设股长一人，再下设工务员、助理员若干人办理具体工务，设事务员及办事员负责日常事务的办理工作。

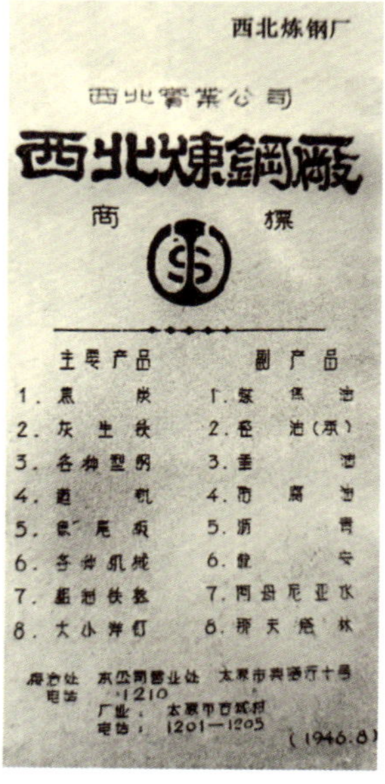

1946 年西北炼钢厂广告

抗战胜利后，部分日籍技术

德国造二号高炉（太钢博物园）

人员被留用，并受到优待。阎锡山希望借助这些日方人员来实现生产技术上的改进和突破，为其统治山西服务。如日据时期担任太原窑厂厂长的日籍技术人员中本正一被任命为改组后的西北窑厂总工程师，炼钢厂轧钢课课长由日籍轧钢专家中岛担任，大泽、宫本和胜元等日籍人员也仍然直接指挥炼铁高炉与炼钢平炉的生产工作。阎锡山为了让获得留任的日方人员认真工作，不但向他们提供了较高的薪资，而且为他们提供大米、白面、食盐、砂糖、猪肉、白酒和罐头等日常福利。

在当时太原各厂矿企业中，西北炼钢厂属于西北实业公司旗下规模较大的重点企业。从职工人数上看，截至1947年6月底，西北炼钢厂共有职工3225人，其中工程师、技术工人等专业人员达70%以上。西北炼钢厂的重要性还体现于机器设备方面，其拥有炼焦、炼铁、炼钢、轧钢、线材、发电等一系列生产设备，虽然整体规模不大，但包含了各个主要生产环节的设备。主要设备如下：

1. 炼焦炉一座：有烧窑 36 孔，生产能力为日产焦煤 240 吨；

2. 炼铁高炉两座：一座高 21 公尺，日产生铁能力为 150 吨；一座高 19 公尺，日产生铁能力为 50 吨；另有俾斯麦式转炉一座，日产生铁能力为 2 吨；

3. 炼钢平炉两座：生产能力为 30 吨，每炉日出钢 3 次，两座平炉每日可生产钢锭 180 吨；

4. 轧钢机三组：中型轧钢机 1 组，系三重三联式，日产能力约 80–120 吨；粗轧机 1 组，系三重一联式，日产

民国时期的窄轨机车（太钢博物园）

能力为 10–30 吨；细轧机 1 组，系二重四联式，日产能力 10–30 吨；

5. 线材课设备与制钉机：伸线机，共计 20 部，日产各种型号线材 400–600 公斤；电网线机，共 2 部，日产电网 800–1000 公斤；制钉机，共计 20 部，日产各种型号铁钉 400–600 公斤。

除上述设备外，西北炼钢厂还拥有发电机、车床、洗煤机、直立水管式煤气冷却器、亨泽尔曼装煤机、蔡森式瓦斯洗涤器、摩尔根式煤气发生器和窄轨机车等各类维修与生产辅助设备。

七 踏入战车：“军事化”的西北炼钢厂

1945年末，西北炼钢厂接收工作完成的同时，恢复生产的工作也开始有条不紊地展开。经过各部门技术人员与工人的努力，炼钢厂只用了不到一年即具备恢复生产的条件。1946年7月8日，西北炼钢厂举行恢复生产仪式，庆祝顺利开工。阎锡山派出代表郭宗汾参加，西北实业公司管理人员、职工代表以及太原各界代表也参加了此次典礼。然而，随着内战的迫近，承载着三晋儿女工业强国梦想的西北炼钢厂又一次背离了正规，被绑上了战车。随着原料供应日趋紧张，持续的生产不景气也长期制约着西北炼钢厂的发展。

配合制造兵器

在西北炼钢厂恢复生产的开工典礼上，兼任西北炼钢厂厂长的彭士弘宣读了阎锡山的训词。阎锡山表彰了西北炼钢厂全体职工为恢复钢铁生产而艰苦工作的精神，并指出："钢铁乃工业的基础，无钢铁即无工业，无工业即无国防，我们要完成工业建设，必须要努力扩大钢铁生产。"之所以如此重视西北炼钢厂，是因为当时环境下他在山西的统治受到了严重威胁。抗战胜利后，虽然阎锡山成功返回太原，但当时他只能控制太原、大同、临汾、运城、阳泉和长治等较大城市及铁路沿线地区，处于中国共产党领导下的根据地包围之中。1945 年上党战役后，阎锡山丢掉

◎小贴士

上党战役：爆发于 1945 年，因主要战场位于晋东南上党地区境内，因此被称为上党战役。这场战役是抗战胜利后国共两党发生的首次军事冲突，也揭开了第二次国共内战的序幕。在该战役中，中国共产党领导下的武装不但解放了晋东南重镇长治，而且歼灭了阎锡山 11 个师的部队，致使阎锡山在第二次国共内战中未能对解放区发动新的攻势，并且不得不借助国民党中央军来"保卫"山西。此外，对于共产党来说，这场战役发生于国共重庆谈判期间，是配合谈判的重要军事行动。

了晋东南重镇长治，成为惊弓之鸟，惶惶不可终日。于是，阎锡山将西北实业公司所属的冶金、机械和化学等重工业企业通通纳入军事化轨道，服务于“力保”太原的战略目标。

在1945年12月西北实业公司组织召开的一次会议上，西北炼钢厂被要求“与机器厂配合制造兵器”，这也成了当时西北炼钢厂的首要任务。阎锡山急切地希望西北炼钢厂为太原军工生产提供原料，并为其内战服务。西北实业公司还拟定了包括手榴弹外壳用铁、机枪枪身材料、步枪枪筒用钢、修筑碉堡所用的钢筋及铁丝网等一系列军工产品之规格与产量，要求炼钢厂参与军工生产。于是，西北炼钢厂的生产步入“军事化”，脱离了正常的生产轨道。

太原防守工事“梅花碉”（太钢博物园）

为了保障军事化生产，西北炼钢厂实行了一系列技术改进。1947年成功试制电石，在太原各厂中产生了较大影响。电石即碳化钙，是工业生产中重要的原料，既可以当作钢铁工业中的脱硫剂，又广泛运用于金属焊接与切割作业中。由于战争的爆发，陆路交通逐渐断绝，西北炼钢厂和太原其他厂矿企业电石供应逐渐吃紧，严重影响生产的发展。西北炼钢厂于1947年初试制电石成功，最开始每日平均产量只有394公斤，从9月到年底平均日产量达到1263公斤。同时，所造电石质量也在不断提升，碳化钙的成份含量由最初的60%升到70%，后来改进到80%以上。此外，西北炼钢厂各部门技术人员成功试制了马铁、铁纱等产品，实现了亚硫酸的增产、完成了微粉碳锅炉的改造，促进了生产能力的提高。即便如此，仍然无法满足阎锡山集团对军工产品的需求。

解放战争爆发后，阎锡山决定“力保太原”，进一步提高对炼钢生产的要求，此时的西北炼钢厂早已不堪重负。1946年，西北实业公司要求西北炼钢厂供应给西北制造厂等军工企业7000吨钢锭，可实际产量却只有3154吨，仅为西北实业公司要求的45%，小型钢材为2400吨的供应目标也只完成52%，其余产品如中型钢材、焦炭、钢丝、电网线等产品亦远未达到要求。那么，当时西北炼钢厂的生产能力为何如此低下呢？与其生产状况有关。1947年，

西北炼钢厂炼铁课的炼铁炉及热风炉

副厂长梁海峤在给上级部门的呈文中总结了各个生产部门的产量，并认为设备老化与原材料的缺乏是制约西北炼钢厂保持和扩大产能的主要原因。以炼焦课为例，其原有生产能力约为每日 240 吨，而实际每日只有 160 吨左右，为设计能力的 66%，而炼铁课与轧钢课甚至还不足 30%，可见此时西北炼钢厂的生产已经到了每况愈下的地步。

原料供应吃紧

原料供应严重不足是制约西北炼钢厂保持和扩大生产能力的最大因素。解放战争的爆发使西北炼钢厂原料供应受到很大的影响，其中影响最大的要数炼焦煤。前文提及，炼钢所需的高温环境需要焦炭提供，焦炭也是钢铁生产中重要的还原剂。然而，1946 年 6 月，距离太原较近且运输便捷的轩岗西北煤矿第二厂被人民解放军解放，西北炼钢厂炼焦课只得依靠富家滩西北煤矿第三厂供应焦炭。

近两个月后，解放军与阎军在霍州、灵石附近激战，富家滩煤矿遭到破坏，不久，阎军北撤，富家滩煤矿解放，焦炭供应越发困难。于是，西北炼钢厂的炼焦煤只好采用介休义棠煤与太原西山煤混合使用。1948 年夏介休解放后，义棠煤难以供应，只能完全利用西山煤勉强工作。由于西山煤不适宜炼制焦炭，因此，炼焦课产品的品质和产量都严重降低，至解放前，炼钢厂炼焦生产基本停滞。此外，普通煤的供应亦受到战争影响。上述因素严重制约了西北炼钢厂的生产。

除煤焦外，西北炼钢厂铁矿石的供应也受到战争的影响。1946 年至 1948 年间，为炼钢厂供应铁矿石的宁武、定襄、寿阳等采矿所相继获得解放，铁矿石供应受到极大的影响，

山西灵石富家滩煤矿矿井遗址

1947 年西北炼钢厂商标

故只能依靠太原东、西山的采矿所勉强供应。1949 年前后，解放军先后攻克太原东、西山要塞，东、西山供应也逐渐吃紧，只能减少产量并依靠库存储备勉强生产。与此同时，受战争影响，正太铁路、北同蒲铁路等陆路交通先后断绝，炼钢所需的锰矿、白云石、矽铁、锰铁、萤石等大部分辅助原料供应吃紧，为保障生产，炼钢厂不得不采用空运等高成本方式从天津、青岛等地进行采购和运输。用量较大的锰矿石受到的影响更大，西北炼钢厂所需的锰矿原先采运自静乐与宁武等地的采矿所，当地所产的锰矿含锰量高达 40% 以上，静乐、宁武等地获得解放后，炼钢厂只能采用太原西山铁矿中含锰量较大的矿石，但其含锰量最高不过 20%，与静乐、宁武等地品种质量相差甚远，这不但影响了产品的质量，而且造成矿产资源的严重浪费。

生产走向畸形

为缓解原料供应不足、设备老化等问题，西北炼钢厂积极改进技术，并取得一定突破，然而这种特殊情况下的权宜之计最终使西北炼钢厂的生产日益走向畸形。炼焦煤通常是粘结煤，在炼焦煤供应逐渐吃紧后，西北炼钢厂只好采用不粘结煤试制焦炭，通过技术改进后，取得了一定的成效。在焦炭生产中，原料煤粘结性越大越好，产自富家滩煤矿的粘结煤来源断绝后，焦炉生产面临原料缺乏问题。为维持焦炭生产，炼焦课技术人员先后采用义棠煤混合西山煤、西山煤混合沥青等方式寻找替代产品，但均非良策。后在炼焦课工程师建议下改用发生炉瓦斯炼焦，虽然效果还不错，但因成本太高而作罢。最后经技术人员研究，决定使用高炉废瓦斯炼制焦炭，这一段研究填补了相关技术的空白，为炼焦生产积累了经验。这样的权宜之策对当时濒临停滞的焦炉生产来说无异于雪中送炭，然而焦炉生产的副产品几乎全部被用来生产炸药，同样反映了炼钢厂生产畸形状况。

◎小贴士

煤炭粘结性：是煤炭最重要的工艺性质之一，也是评价炼焦用煤优劣的主要指标。通常情况下，炼焦用煤必须具有一定的粘结性。在煤地质学中，粘结性是指烟煤在干馏时粘结其本身或外加惰性物的能力，可以集中反映烟煤在干馏过程中能够软化熔融形成胶质体并固化粘结的能力。在炼焦生产中，煤的粘结性与结焦性密切相关，因此，粘结性是炼制焦炭的必要条件。

西北炼钢厂轧钢课的中型轧钢机

除炼焦课外，西北炼钢厂其他生产部门也被要求服务于军工生产。炼铁课高炉生产的生铁必须抽出一部分用来供应西北制造厂等军工企业生产手榴弹的外壳，这必然会减少炼钢生产所需的原料生铁；炼钢课炼成的钢锭则必须抽出一部分用来生产重机枪的枪身，也减少了对轧钢课生产钢材等制成品所需要的钢锭供应；而轧钢课生产的产品多用来供应军工生产，中型钢材大量被用作制造步枪和机枪枪筒的材料以及炮弹的尾翅，小型轧钢机生产的钢材则被大量用作钢筋来建造阎锡山据以“死守太原”的碉堡。此外，线材课的产品也多被用来生产、加工电网线。由此可见，西北炼钢厂已经完全沦为阎锡山集团军火生产的附庸，成为其重要的战争机器。

抗战胜利之初，1946年，太原《民众日报》记者周志维参观了被誉为“华北最大炼钢厂”的西北炼钢厂，厂区内高耸入云的烟筒、黑烟直冒的熔炉和刚流出的“铁流”给他留下了深刻的印象。这位记者在其报道中以华丽的辞藻形容了炼钢的过程，进而感叹科技的伟大。在文末，他写道：“回头一想这样的工业基础，我们都未普遍认识与建立的时候，世界上文明国家却又在竞进科学与原子能时代了，唉，我们真还需要老追赶人家啊。”然而，内战的硝烟却再次将中国工业现代化进程打乱，距离周志维参观一年多后，西北炼钢厂生产走向畸形，完全沦为阎锡山的战争机器。这场决定中国前途和命运的大决战最终以中国共产党的胜利而告终，实现中国工业现代化的重担也落在了中国共产党人的肩上。

八 红色堡垒：解放战争时期的钢厂工运

1945 年抗战胜利后，阎锡山接收西北炼钢厂，并迅速恢复受到战争创伤的炼钢生产。然而，恢复生产后的炼钢厂还没有完全走上正轨，就被阎锡山集团绑上了内战的战车。西北炼钢厂工人生活极端困难，生存也难以得到保障。在中国共产党的领导下，广大工人紧密团结，与当局进行了巧妙的周旋和顽强的斗争，开辟了解放战争的“第二条战线”，为西北炼钢厂和全国解放做出了杰出贡献。

工人生活的极度贫困

阎锡山接收西北炼钢厂后，为了能够尽快恢复炼钢生产，曾经一度改善工人生活。据 1945 年进入西北炼钢厂工作的工人回忆，刚刚进厂时他们还能吃到大米、小米与面粉，有时候甚至还有肉罐头、蔬菜与新鲜的猪肉。居住条件虽然很一般，通常十多个人挤在一间房子里，但至少能遮风挡雨。在工作中受伤的工人，也能获得一定程度的医治。1947 年后，随着阎锡山集团在军事上节节失利，太原地区物资紧张，物价飞涨。此时虽然工人们名义上工资没有发生变化，但是实际收入却在持续下降。据时人回忆，当时的熟练工人和高级技工每日工资大约等于 6 斤左右的粮食，勉强可以糊口，可年轻的学徒工每天只发点玉米、高粱等杂粮，1948 年左右每个工人只能领不到 10 两的红大米。另有工人回忆，1948 年前后实行“半款半粮”，即工资中一半发粮食，一半发纸币。发纸币时故意拖欠一段时间，等待的这段时间里物价已经上升了数倍。发给工人的粮食质量也很差，主要包括小米、玉米、黑豆等杂粮，经常掺杂着泥土和石子，甚至还有发霉的情况。由此可见，当时工人们的生活条件极端恶劣。

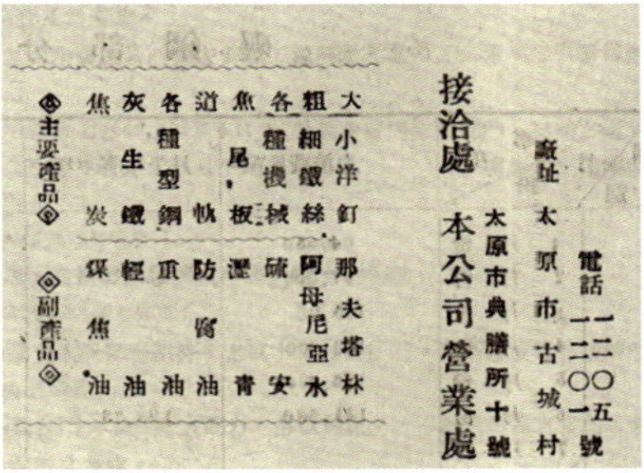

1947 年西北炼钢厂广告

西北炼钢厂工资严重偏低的情况也引起了西北实业公司上层管理者的忧虑。1949 年 1 月 4 日，西北实业公司经理兼西北炼钢厂厂长彭士弘向上级报告说：“自上年 8 月起奉令紧缩降低工资后，除技工、正工（普通技工）尚可勉强维持其简单生活外，至于副工（普通工人）、徒工就个人生活也感困难，而食粮又不能按期拨发，现已届1月份，上年11月份工粮尚未交清，抵垫无力，断炊堪虞。更以近来拨发之粮多黑豆，食之不易消化，有碍健康，影响工作甚巨……确系实情。”同期西北窑厂的情况更为糟糕，1949年1月7日，窑厂厂长宫占元向彭士弘呈文：“食粮接续不上者90人，约占全厂工友的38%；刻下即无粮食者25人，约占10%。”可见工人们已经极度贫困。太原解放前夕，西北实业公司竟然将旗下纺织厂生产的如线毯、背心、袜子、毛巾等滞销商品抵工资。据当时工人回忆：“发下的这些毛巾、袜子什么的也不能吃呀，所以只能卖了换钱，那些收东西的（指投机商人）把价钱压得老低，根本换不了几个钱。本地的（工人）还好，外地的都不知道去哪吃饭。有老婆孩子要养的就更惨咧。”

与此同时，工人们还受到阎锡山集团的压迫。1948年底，随着阎军在太原战役中一再失利，“特种警宪指挥处”在各厂中以“福利室”为幌子，加紧迫害西北炼钢厂中的地下党员和进步工人。在其影响下，同志会、国民党、三青团、青年党及反动会道门组织“一贯道”等势力也闻风而动，加入到迫害工人的队伍中。特别是家乡在解放区的工人们，受到特务组织的严密监视，个人自由行动受到严重影响。特务组织还鼓励工人们相互“检举揭发”，同志会和三青团骨干趁机打击报复与自己有过节的工人。在这样的恐怖统治下，炼钢厂内整日人心惶惶，一些中国共产党的地下工作者与进步工人受到严重迫害，甚至被关押在“特种警宪指挥处”的监狱中遭受非人对待。面对这种猖狂气焰，广大进步工人紧紧团结在中国共产党地下党组织周围，开展了一系列工人斗争。

钢厂工人的抢粮斗争

在中国共产党的领导下，广大工人掀起了反饥饿与反

◎小贴士

特种警宪指挥处：简称“特宪队”，是阎锡山统治山西期间成立的一个武装特务组织。其前身为“流工队行动队”，于1945年2月在山西临汾隰县成立，首任队长为刘培德，1945年8月抗战胜利后随阎锡山迁至太原。1947年7月由曹树声担任队长，下设办公室和行动、工作、侦察、登记四个小组。在解放战争期间，其任务主要是侦察、跟踪、盯梢、逮捕、扣押和迫害太原市的共产党地下工作者与进步群众。此外，“特宪队”以福利室的名义潜伏在太原各工厂中负责监督工人，并迫害共产党的地下工作者。1949年4月太原解放后，“特宪队”被太原军管会取缔，其核心成员被依法审判。

迫害斗争。活动于西北炼钢厂的中国共产党地下党组织成为白色恐怖中的红色堡垒，在紧密团结工人、向他们宣传我党政策的同时，也积累了宝贵的革命经验，为解放太原做出了贡献。1948 年晋中战役后，太原被解放军重重包围，成为一座孤城。为了能够据守太原，阎锡山向蒋介石求援，蒋一方面空投军队企图与阎军共同“保卫太原”，另一方面也空投弹药、粮食等物资。在西北炼钢厂以北有一座小型机场，1948 年太原战役期间，蒋介石空军趁夜间向机场附近空投红大米等粮食，饥饿难耐的工人们时常趁机抢夺蒋军空投的红大米，甚至不惜与阎锡山的“执法队”发生冲突，有几位工人甚至被匪徒殴打致死。可是，在饥饿的驱使下，工人们冒死抢夺，这就是西北炼钢厂工人们口中

太原北飞机场飞机库旧址（太钢博物园）

的“抢红大米运动”。

工人们遭受严重饥饿问题引起了西北炼钢厂地下党组织的重视。当时，在西北炼钢厂领导地下工作的人员包括王贵英和武栓虎等人，他们注意到，虽然炼钢厂的工人早已挣扎在饥饿线上，但是同厂的职员们生活还不错。据工人回忆，至1949年初，西北炼钢厂的职员尚拥有一座食堂可供应午饭，职员们还可以吃到大米和白面。当时的工人们每天只能领到12两（旧秤）红大米或杂粮，可是职员们每月尚有“洋面一袋、顺风烟两条”以及蔬菜、罐头等补助，许多职员家里还开辟有菜园，可种菜以供家用。工人们形容职员的生活为“八角帽子头上戴，四个馒头一碟菜”，与工人生活形成天壤之别。鉴于此，王贵英、武栓虎等人决定组织工人们抢夺职员食堂的食物。他们在向上级汇报后，立即在工人中间开展串联，号召大家团结一致，准备抢夺职员食堂的食物。一时间，“抢食堂”的声音传遍了炼钢厂的每一个部门和车间。

1949年2月的一天中午，正当西北炼钢厂职员们准备开饭时，工人们从四面八方涌向食堂。见工人们越聚越多，地下工作者武栓虎立即号召道：“弟兄们，进去吃啊！”工人智耀山也对大家叫喊道：“抢他狗日的。”于是，工人们犹如洪水决堤，涌进了食堂，吓跑了正要吃饭的职员，把食堂和厨房里的几十笼莜面和馒头抢得一干二净，甚至连食堂里腌好的咸菜都连缸搬走。饿极了眼的工人们见此机会根本不放过，许多人直接在食堂吃了起来。随着工人们越聚越多，武栓虎等人决定趁机抢夺敌人储藏粮食的库房，将里边的大米、杂粮等也全部搬走，放到各个车间藏起来。地下党组织领导的“抢食堂”运动顺应了工人们的需求，使大家认识到团结的重要性，一度缓解了工人们的饥饿状况。

炼钢课的工人罢工

1949 年 3 月，解放太原战役已经到了最后关头，可据守太原的阎军仍然负隅顽抗，拒不投降，反而为了修筑城

1949 年解放军士兵朝着太原双塔要塞发起冲锋

防工事，要求西北炼钢厂提供更多钢材。然而，厂方为工人发放的粮食越来越少，饥饿的工人们早已无力工作。上级党组织十分关注西北炼钢厂的情况，他们建议炼钢课地下工作者王贵英等密切注视工人动向，在适当的时机组织罢工。

1949年初的一天，炼钢课技工、地下工作者王贵英来到车间，见工人们无精打采，忍受饥饿的折磨。一位工人向王贵英抱怨道："今天一大早就让上工，我连一粒米都没下肚，照这样下去不是得被活活饿死吗？"这位工人的遭遇也使其他工人们感同身受，大家围了上来，纷纷向王贵英诉苦。据王贵英回忆，当时他见到工人们情绪激动，认为组织罢工斗争的条件已经成熟，便对工人们说道："各位工友们，要炼钢，就得吃饱饭，不解决咱们的吃饭问题，就不给他出钢。"于是，工人们在王贵英的领导下掀起了罢工运动。炼钢课的罢工运动引起了敌人的警觉，他们派出一位副课长处理此事。据王贵英回忆，这位副课长为人十分狡猾。某日，他叫王贵英来到炼钢课办公室，先对王贵英实行

罢工斗争中的炼钢课厂房

恐吓，说“再煽动工人们闹事有你好看”。见不起作用，又换了一个口气想要拉拢王贵英，遭到了王的拒绝。这时工人们涌进办公室，向副课长提出：“如果一天不发三斤米就不出钢。”谈话间，门外聚集的工人们也越来越多，最终厂方只能答应工人们的要求，也标志着这场罢工斗争取得胜利。

在这场工人运动中，党组织扮演了重要角色，地下工作者进行了宣传，启发工人们的阶级觉悟，号召他们勇于斗争，在团结广大工人并为他们争取生存权利的同时，也获得了工人的拥护，壮大了自身力量，为日后接管工厂铺平了道路。西北炼钢厂中共地下党活动和工人运动有利于团结工人，获得他们的拥护，在很大程度上保护工厂免受战火破坏，为解放后的顺利接管铺平了道路。

九 获得新生：太原军管会接管西北炼钢厂

1948年至1949年间，中国人民解放军先后取得了辽沈、淮海和平津三大战役的胜利，国民党军队主力被消灭。在华北，1947年11月，解放军力克石家庄，次年5月，解放军在徐向前的指挥下强攻临汾，在歼灭大量优势敌军的同时，也使盘踞在山西中部的阎锡山集团与北平傅作义集团和西安胡宗南集团的联系全部切断，使之逐渐陷入孤立。1948年6至7月，解放军打响晋中战役，连续解放晋中平原多座大小城镇，并对阎锡山集团太原守军实施了战略包围，工业城市太原的解放指日可待。伴随着东北、华北等地诸多城市获得解放，顺利接管城市成为摆在中国共产党领导人面前的重要问题。作为内陆重要工业城市的太原，受到了党中央高度重视。

成立接管组织，迎接钢厂解放

1948年中叶，人民解放军对太原实施包围。在有利形势下，毛泽东敏锐地指出“太原有速下之可能”，指示有关部门成立接管机构，以防城市解放后因无人负责而出现混乱局面。同年11月16日，中共中央华北局领导下的太原军事管制委员会（简称太原军管会）正式宣告成立，随即决定在太原解放后对城市实施军事管制。1949年1月19日，太原军管会经会议讨论后决定成立工业接管组，其正副组长分别由赖际发和陆达担任，该组负责接管太原所有工业企业。工业接管组按照太原市不同企业类型，设立了钢铁、纺织、机械、化工、煤炭等若干接管小组。其中，

解放前夕的西北炼钢厂

钢铁接管小组由40余名干部组成，负责人为张培疆和郭奇应，分任正、副组长，其主要任务为接管西北炼钢厂与西北窑厂。

钢铁接管小组也被称为“西北炼钢厂接管组”，驻地设于榆次晋华纺织厂，其成员大多由解放区工业管理干部中抽调，且多具有钢铁、军工等企业生产和管理经验，这对后期西北炼钢厂的管理与恢复生产工作具有重要意义。据接管干部柯成回忆，在驻地期间，钢铁接管小组成员共同学习了党的接管政策和纪律、其他地区的城市接管经验及生产方面的内容，此外收集了有关西北炼钢厂的情报资料，并准备了原料与粮食等物资，还安置了许多因战争和饥饿逃出炼钢厂的工人。

◎小贴士

陆达（1914—1996）：浙江湖州人，中国著名冶金专家、冶金科技领域的带头人之一。1914年出生，1933年毕业于上海圣约翰大学化学系，后赴德国柏林工业大学冶金系学习。1937年回国，并于次年加入中国共产党。抗日战争期间，陆达先后担任延安中央军委兵工局工程师、八路军军工部工程处处长，并曾担任根据地青城、故县等铁厂厂长。1949年任太原军管会工业接管组副组长，参与了对西北炼钢厂的接管。1950年后先后担任重工业部钢铁局副局长、冶金部钢铁设计院院长、冶金部副部长等职务，在任期间对太钢的发展十分关注。1996年在北京逝世。

晚年的冶金专家陆达

早在1948年冬，原晋冀鲁豫边区军工企业干部杜毓铣等人即按照上级要求来到太原北郊，负责收容和安置从太原城北工业区逃亡的各厂工人。据杜毓铣回忆，当时有许多工人逃出太原，其中有不少来自于西北炼钢厂，杜毓铣向工人们讲解中国共产党的政策，给他们开具介绍信、发路费，号召有意愿者到榆次投奔接管组。当时，西北炼钢厂接管小组由太原军管会工业接管组副组长陆达直接负责，大部分逃亡工人们到达榆次后，将有关西北炼钢厂的信息及时汇报给陆达，对后来炼钢厂的顺利接管助益颇多。部分逃亡工人还成为日后接管和改造工作中的积极分子与储备干部。

随着太原解放战役的推进，西北炼钢厂也迎来了解放。1948年底，在徐向前的指挥下，阎军太原守军的外围阵地被解放军攻克，被迫收缩防御。1949年年初，彭德怀从抱病带兵的徐向前手中接过指挥权，集结了华北、西北和东北野战军共计40万优势兵力进攻太原城垣。负责解放太原城北地区的部队是杨成武指挥下的第二十兵团。1949年4月15日，二十兵团一部由太原北郊出发，向城垣方向推进，至4月21日傍晚兵锋已直指太原城墙下的大北门、小

1949 年 4 月解放军进入西北炼钢厂

北门阵地。据杨成武将军回忆，为了减少对太原城北工厂及居民区的破坏，并防止敌人依托厂区及街巷抵抗，杨成武将军放弃了平行推进的作战方式，制定了“分割包围，就地歼灭”的策略。这样的策略不但有利于解放太原，而且从客观上保护了包括西北炼钢厂在内的城北工厂区。

据史料记载，为了能够顺利解放西北炼钢厂，杨成武于 1949 年 4 月 19 日亲临炼钢厂附近阵地，并在北十方院的小塔设立了指挥部，亲自指挥部队进攻西北炼钢厂。当天夜晚，第二十兵团下属的一个营在炼钢厂工人傅维忠的带领下进驻厂内，驻守西北炼钢厂附近的阎军和“护厂队”均未形成有效抵抗，4 月 20 日，炼钢厂附近阎军渐被歼灭。至此，西北炼钢厂获得了解放。在解放军与阎军争夺太原城北主要阵地的同时，西北炼钢厂接管组的干部也从榆次出发，踏上了北上的征途。

宣布接管政策，分派接管人员

1949 年 4 月中旬，太原解放战役还在进行中，西北炼钢厂接管干部们即在太原军管会工业接管组副组长陆达的带领下从榆次出发。据接管干部马光国回忆，由于此时太原城垣还未解放，接管干部们只能绕行太原东山，经东黄水、黄寨和青龙桥抵达太原城北，与解放军第二十兵团会合。指挥战斗的兵团司令员杨成武将军专门派出部队保护接管干部，在解放城北工厂区战斗结束后，接管组正式进驻西北炼钢厂。及时入厂接管为开展后续工作赢得了时间，接管组事后亦总结道：“到厂接管时间愈快愈好，当接管以后旧人员不敢负责，如不及时到厂接管，会发生毛病，即无人负责。”

据接管负责人陆达回忆，接管组进驻时，太原解放战役还在进行中，特别是卧虎山炮台附近的战斗仍未结束。为确保安全，接管组入厂后只能躲进防空洞，在那里还遇到了副厂长梁海峤。进行简单交接后，陆达、张培疆等接管干部了解了西北炼钢厂的基本情况。据当时躲在厂区的炼钢课工人回忆，他们见到接管组入厂后，立即跑回工人宿舍，向大家报告了这一喜讯。次日清晨，接管组召集原厂长梁海峤及各课长举行联席会议，宣布了接管命令，随后组织清点工厂物资并造册管理，大多数原管理人员和技术人员获得了留用。军管会接管组还向厂内主要生产部门派出军事联络员，作为军代表联络员对各部门实行监督。各部门接管人员分派情况有如下表：

西北炼钢厂各主要接管部门及接管人员表（部分）

接管部门	接管干部	接管部门	接管干部
轧钢课	柯成、郭廷杰（郭挺坚）	工务课	王喜龙
炼焦课	乔坚、宋仲景、王林、刘德鹏	会计课	申春芳
炼铁课	李树人、马光国、李世英	运输课	封玉林
炼钢课	郝育民、张肯功	工程师室	周善鸣、李献璐
动力课	杜毓铣、郭奇应、王景洪		

接管初期，西北炼钢厂实行军代表制以适应太原解放初期的军事管制，张培疆任首位军代表，派遣到各个部门的接管干部任军事联络员。在日常生产工作中，原机构和人员仍然负责主要的管理工作。如厂一级的生产仍由原厂长梁海峤负责，原厂方人员特别是技术人员大多数获得原职留任，1945 年后被阎锡山留用的部分日籍技术人员同样在接管之初被留任。在下属生产部门中，也执行了类似的政策。例如在轧钢课，西北炼钢厂接管组向该课派驻了以柯成、郭廷杰等 5 名接管人员作为军代表联络员予以接管，这些接管干部主要负责以下工作：第一为生产与管理的重大事项，如人事任免、发放工资等；第二为领导群众运动，建立群众组织，军代表联络员在工作的同时需深入群众当中，进行思想政治教育，并负责筹建基层工会和青年团；

第三，他们也被要求学习轧钢生产，为日后做准备。与此同时，该课日籍主任中岛、副主任南维宁等人均获留用。这种接管方式体现了中国共产党的管理智慧。一方面，这种方式可以充分调动原企业人员的工作积极性，提高恢复生产等工作的效率；另一方面有利于接管人员不至于过多地陷于日常工作中，能更好地开展职工工作。在陆达、张培疆等人接管西北炼钢厂的同时，为炼钢厂提供耐火材料的西北窑厂也由军代表宋忠恕接管，两座工厂终于回到了人民手中。

调动职工参与，迅速恢复生产

随着人民解放战争夺取全国性的胜利，1949 年 3 月，中国共产党召开了七届二中全会。23 日，《中共七届二中全会公报》指出：“管理和建设城市的中心是恢复和发展工业生产，第一是公营企业生产。”山西省为尽快抢通南同蒲铁路以支援解放西北、西南等

中共七届二中全会现场复原

地区的战争，也迫切希望炼钢厂提供更多钢铁、夹板、螺丝等钢铁材料。彭德怀在太原解放后曾赴西北炼钢厂视察，特别指示西北炼钢厂应尽快恢复钢铁生产，以修通南同蒲铁路，并支援解放大西北的战役。恢复西北炼钢厂的生产，成为当时太原军管会等有关部门的重要工作。

对于接管后的西北炼钢厂来说，恢复生产首先要调动广大职工的积极性。为此，接管组在接管当天就打开了仓库，向困难职工们发放救济粮。此外，还召开了工人代表会和职员座谈会，向广大职工讲解宣传："中国共产党是工人阶级的政党，工人是国家和工厂的主人，大家要树立主人翁意识，帮助接管、抢修设备、迅速恢复生产。"向技术人员们讲解了党的知识分子政策，号召他们为建设国家服务，解除他们的思想顾虑，为他们指明出路。太原城

◎小贴士

中共七届二中全会：1949 年 3 月在河北省平山县西柏坡召开，是解放战争时期中共召开的唯一的一次中央全会。会议重点讨论了迎接中国革命胜利与建设新中国的议题，指出党的工作重心将由农村向城市转移，并提出了加强党建的有关要求。在工业领域，七届二中全会对没收官僚资本主义企业、建立新型国营企业和恢复发展城市工业生产进行了明确规定，西北炼钢厂恢复发展工作与早期的改造均按照七届二中全会精神进行。

垣解放后，接管干部在厂部会议室召开老工人座谈会，讨论复工生产问题。运输课工人阎瑞芝向军代表说道：“过去我们工人根本就不能进会议室这个房子，今天能在这个会议室坐着和大家讲话，真是做梦也想不到。大家已做好准备，明天一定能够复工。”这场座谈会不但动员了工人们参与恢复生产工作，而且提高了他们的阶级觉悟，使工人们树立了主人翁意识。

接管组发放救济粮和召开职工会议的举动赢得了广大职工的拥护，他们立即行动起来，投入到恢复生产的工作中。当时太原城垣尚在阎军控制中，他们以城墙为依托炮击西北炼钢厂，并破坏了为炼钢厂提供电力的线路设施。在接管组的号召下，动力课的电工展开了抢修输电线路工作。徐真林、傅维忠等电工师傅们冒着枪林弹雨走出炼钢厂，沿着输电线路检修，终于在育才机器厂附近发现被破坏的电线。据工人傅维忠回忆，他们刚刚爬上梯子，敌人的机枪就响了起来，子弹甚至从他的身边飞过。可大家一直冒着生命危险抢修，直到供电恢复。在炼焦车间，工人只用了一周便将洗煤股所有电滚都用铁板围好，他们白天抢修，晚上轮流值班

西北炼钢厂恢复生产中拉运铁水的窄轨火车

检查设备。轧钢课工人们为修好输水管道，在工长范树林的带领下，全工段50多名工人参与了长达40小时的抢修工作，工长还亲自带头跳下水池检修。

西北炼钢厂一号平炉出钢

在接管人员和广大炼钢厂职工的共同努力下，1949年4月25日上午10时，西北炼钢厂动力课3000千瓦时电机开始发电，标志着炼钢厂全面复工正式拉开序幕。同日中午，轧钢课小型轧钢机开始工作，炼焦课焦炉启封，并准备开始炼焦生产。随后，炼铁课、炼钢课、运输课、加工课、线材课等部门也做好了复工准备。1949年5月20日，炼钢课一号平炉顺利出钢。至此，中国人民解放军接管后的西北炼钢厂正式恢复生产。

十 凤凰涅槃：西北钢铁公司的改造与重建

1949 年 5 月，随着西北炼钢厂生产的恢复，改造与重建工作也被提上日程。随着西北实业公司的接管与改组，这一曾经的官僚资本企业被逐步改造为人民民主国营企业。同年 8 月，西北炼钢厂被改组为西北钢铁公司。1950 年 4 月，重工业部将西北钢铁公司改组为太原钢铁厂。在此期间，西北钢铁公司的改造与重建工作持续推进，企业面貌焕然一新。

变革组织机构，建立党群组织

1949 年 4 月，西北炼钢厂获得解放，接管组严格执行上级政策，在全厂和各个下属机构推行“三原”政策，基本保留原有的工人职员、组织机构与管理制度。该政策的

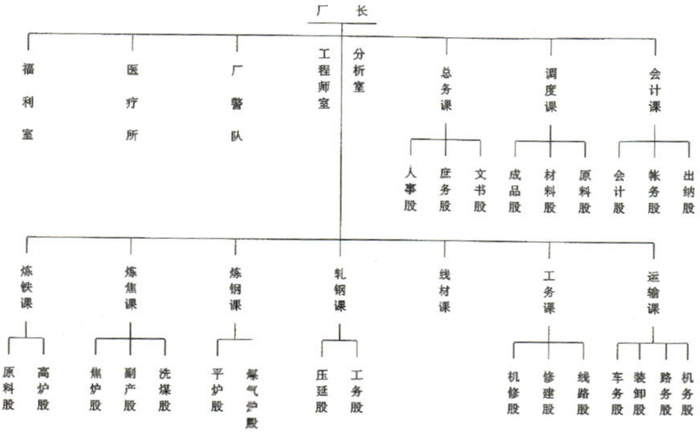

1949 年接管之初的西北炼钢厂组织机构

实施，不但顺应了接管之初的形势要求，而且促进了生产的恢复和发展。然而，这只是一种权宜之策。太原军管会及人民政府开始逐步对该厂组织机构进行变革，建立新型国营企业。

◎小贴士

“三原”政策：指在接管之初的官僚资本主义企业中实行原职、原薪、原制度的政策。1949 年 1 月，中共中央在总结东北等地区企业接管经验后，向全党发布《中央关于接收官僚资本企业的指示》，指出各地军管会工业接管组在接管企业时应注意“不打乱企业原有组织机构”，并在此基础上提出了原职、原薪、原制度的“三原”政策。“三原”政策有利于接管初期迅速稳定人心、恢复生产，调动企业原职工特别是技术人员的生产积极性。西北炼钢厂初期严格执行了这一政策，推动了钢铁生产的迅速恢复。

1949 年 8 月，西北炼钢厂接管组在上级部门要求下，将该厂改组为隶属于华北人民政府重工业部领导的西北钢铁公司。此外，应上级要求，山西省部分与炼钢生产密切相关的厂矿企业也被并入西北钢铁公司。

1949 年西北钢铁公司成立时合并主要厂矿一览表

厂矿名称	所在地	为炼钢厂供给的主要产品
西北窑厂	太原城北兵工路 40 号	矽砖、耐火砖等耐火材料
西山采矿所	太原市西山地区	煤炭、石灰石等
东山采矿所	太原市东山地区	煤炭、石灰石等
富家滩煤矿	山西省灵石县	煤炭，其中包括优质炼焦煤
寿阳采矿所	山西省寿阳县	煤炭
灵石采矿所	山西省灵石县	铁矿石
静乐采矿所	山西省静乐县	锰矿
平定采矿所	山西省平定县	煤炭、铁矿石

1950 年 4 月，西北钢铁公司在上级部门要求下改组为太原钢铁厂，简称“太钢”，同时对组织机构进行了新一轮改革。这次改革减少了管理层次，精简了部分机构与管理人员，设置了劳动保护课、技术教育课、职工子弟学校、医院、招待所等新的机构。此后的太原钢铁厂虽然经历了多次组织机构调整，也先后使用了太原钢铁公司、太原钢铁（集团）有限公司等名称，但是企业内部组织机构基本定型，“太钢”这一简称亦被长期沿用。

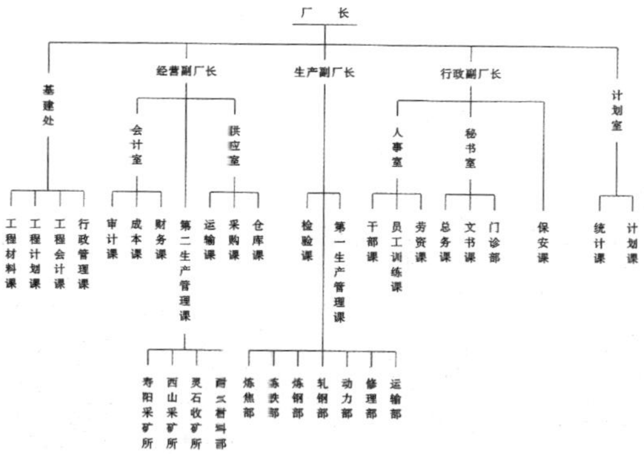

1951 年冬—1952 年太原钢铁厂组织机构图

1949 年接管后，西北炼钢厂先后成立党支部和党总支。1951 年 4 月，钢厂党委正式成立，第一任党委书记为李晓林。此后，入党人数逐渐增加，党组织规模也持续扩大。截至 1952 年底，钢厂党委已形成一定规模，下设总支 4 个，支部 19 个，党员人数发展为 1821 名，占职工总数的 10.6%。与此同时，西北钢铁公司先后成立工会和青年团组织，这些群众组织成为党委与工人间的纽带。

改造职工思想，改革薪资制度

在变革组织机构与建立党群组织的同时，改组后的炼钢厂开始对职工群体进行全方位的改造，主要目的是培养可以适应企业新制度的干部、技术人员和普通职工。随着

1952 年 3 月炼钢工人参加批斗贪污分子的群众集会

1949 年末各项群众性政治运动的爆发，西北钢铁公司的职工思想改造运动进入了高潮。在镇压反革命运动期间，企业党委通过号召工人检举揭发及职工控诉会、群众集会等方式打击潜伏在厂内的敌特，并借此机会教育广大工人，启发他们的阶级觉悟，与反动组织和人员划清界限。在抗美援朝运动期间，党群组织深入到广大职工中间，向他们宣传爱国主义思想，号召大家为志愿军战士捐款捐物，在广大职工心中播下了爱国主义的种子。在“三反五反”运动期间，党群组织也深入到职工中，号召大家同腐化干部、不法资本家作斗争……在一次次群众运动中，钢厂广大职工的阶级觉悟与政治素养获得了很大提升，逐渐被培养为新时代的工业建设者。

发展职工教育也是改造职工思想的重要方式，对企业改造与重建工作产生了深远影响。1949 年后，西北钢铁公司先后设立了员工训练课与技术教育课两个机构负责职工教育工作，包括扫盲教育、文化教育、技术教育、政治教育、干部教育在内的职工教育体系逐步建立，广大职工特别是普通工人获得了受教育的机会，技术文化水平与思想觉悟进一步提高。在职工教育的发展中，教育工作者创造了许多适宜工人学习特点的教学方法，取得了良好的教学效果，也为职工教育的发展积累了经验。例如，钢厂从事扫盲教育的专职教师任廷琳运用同音字、偏旁部首等方式创造了"生字开花"识字法，如以"动"和"同"两个生字为中心，教工人们识字，这样既可以认识新字，又可以学习组词，并为工人学员打下阅读的基础，任老师的教学方法收到了良好的教学效果。

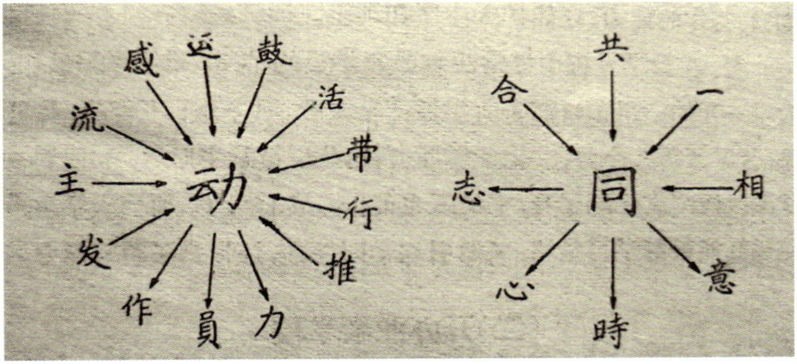

仨廷琳老师创造的"生字开花"识字法

1950 年钢厂工人学习文化

1950 年至 1951 年，炼铁部二高炉车间识字班利用工余时间进行识字学习，负责教学的教员并非专职教师，而是在车间里挑选识字量较大的工人担任“小先生”负责工作，并制定了“放手依靠小先生，细致帮助小先生”的方针，一方面鼓励“小先生”提高信心积极教工友们识字；另一方面也组织专职教员加强对“小先生”的培养，提高其教学水平。该班“小先生”王源章在经过专门培养后，可以做到“干完活就召集学习，一周检查一次识字表，并能组织测验、判卷、课前准备和制作简单教案”。这一识字教育方式不但适应了炼铁生产，而且取得了很好的学习效果，受到工人欢迎。

西北炼钢厂在被接管后还积极调整职工工资制度，提高广大职工生产积极性。接管初期的炼钢厂实行“原薪”政策，促进了局势的稳定。1949 年 6 月，太原军管会工业接管组决定沿袭晋鲁地区军工企业的薪资单位，以“饻”为单位指定薪资标准，进一步完善太原各厂职工薪资结构，炼钢厂新一轮薪资改革也揭开序幕。

1949 年末，西北钢铁公司在太原军管会工业接管组制

1951 年 3 月青年团向青年炼钢工人宣传调资情况

定的薪资标准上进行了薪资改革，重点对工人特别是技术工人的薪资标准进行了调整，提高了他们的整体工资水平。1950 年西北钢铁公司改组为太原钢铁厂，于 1951 年 3 月对职工薪资进一步调整，最终建立了以八级工资制为核心的新型薪资制度，一系列薪资制度的改革，大大激发了工人们的工作热情。

◎小贴士

“馀”：指的是抗日战争和解放战争时期根据地实行的一种折实工资单位，具有鲜明的地域性特征。它所包含的实物种类在根据地时期主要有米、麦、油、盐、布，解放后的太原，“馀”包含种类除了米、麦（面）、油、盐、布五种外，还有“煤”，适应了山西作为煤炭重要产区的地域特点。解放初期，太原公营企业以“馀”为中心划分工资薪资标准，这种薪资制度既是对根据地时期军工企业薪资标准的承袭，又是在特殊环境下应对通货物价的权宜之举。随着经济的恢复与发展，这种薪资标准被以八级工资制为核心的新型薪资标准取代。

除了薪资调整与改革，炼钢厂还对先进职工进行奖励，西北钢铁公司结合生产竞赛开展情况建立了职工奖励制度。1949年，炼钢、炼铁两部率先出台了超额奖励实施草案。炼钢部规定，高炉生产定额为每日50吨，超过1吨奖工1天，超过3吨奖工2.5天，不足51吨者不给奖，51–53吨按51吨给予奖励，多劳多得，以此类推。炼铁部则告以具体的计算公式：

［完成平炉生铁任务%×（1.66/全月平均焦比）×（4.5/全月平均每吨生铁用工）—1］×10工数

在提高工资待遇的同时，钢厂职工福利事业也开始蓬勃发展，职工生活水平不断提高。资料显示，1949至1952年间，全厂增建5967间职工宿舍、1座医院、4座俱乐部、1座托儿所、5座食堂和9座澡堂，新募理发师33名，新安装开水茶炉35个，从各个方面为职工生活提供物质保障。与此同时，西北钢铁公司的职工业余文化体育活动也迅速开展。截至1952年，全厂开设图书馆、阅览室各一个，购置电影机两部、公用收音机33台、喇叭33个，新建体育场6个，基本满足了广大职工的精神文化需求。随着工资福利制度的改革，工人们的生活水平不断提高。工人们中流传着这样一首顺口溜，道出了解放后工人日常生活的细节：

四个馒头一个菜，工人帽子头上戴。
飞鸽车子胜利胎，进城就把老婆带。

这首顺口溜以生动的细节道出了1949年后工人当家作主、扬眉吐气的喜悦心情。薪资制度的改革与福利设施的完善是西北钢铁公司企业改造的重要内容，不但关系着企业生产的恢复与发展，而且与广大企业职工生活密切相关。

扩大生产规模，革新生产技术

1949年12月，全国第一次钢铁会议在北京召开，会议的重要议题是明确各大行政区钢铁生产任务与投资。据史料记载，西北钢铁公司的生产任务为年产8万吨铁、4.5万吨钢以及2.5万吨钢材，在各大行政区生产任务排序中列第三位。而在投资计划中，西北钢铁公司列为全国第二位，大约11万吨小米。为完成生产任务，西北钢铁公司及其后的太原钢铁厂实施了一系列改、扩建工程以扩大生产规模，并通过多种方式革新生产技术。

从1950年至1952年，西北钢铁公司及后来的太原钢铁厂先后完成了新建和改建工程项目11个，其中新建项目7个，包括炼钢部新建50吨三号平炉、炼焦部新建洗煤车

炼铁部高炉

间等。在此期间，西北钢铁公司于1949年底开始对重要生产设备进行修缮与改扩建。如炼铁部一号高炉于1950年3月29日开始进行修缮和扩建，矫正了高炉炉体，并增加了炉身支柱及冷却装置等辅助设备，此次维修实现了一号高炉的扩容，并使其产量不断提高。炼铁部对长期停工的二号高炉也进行了修缮，并按照苏联专家罗米索夫的建议增加了蒸汽管道，1951年6月二号高炉修缮工作正式完工并投入生产。为了加快碎矿效率，炼铁部于1951年12月增建了一套碎矿与贮运设备，生产效率大大提高。

与此同时，西北钢铁公司于1950年初成立基建部门负责企业的改扩建工作，积极引进、培养工程设计和基建人才，组织基建队伍。在工程设计方面，陆达调任重工业部钢铁局后，邀请张有龄负责西北钢铁公司的土建与工程改造设计工作，并抽调厂内各部门技术人员和熟练工人组成高炉、平炉等专门设计班子。建筑施工方面，得到重工业部钢铁局的重视，时任局长的刘彬将钢铁局一部分干部和技术人员抽调至钢厂工作，壮大了西北钢铁公司的基建力量。西北钢铁公司改组为太原钢铁厂后，基建部门不但地位持续提高，而且其下属机构的分工也越来越明确，逐渐拥有了独立的行政、计划、人事、保卫和材料等分支机构，可见钢厂对基建工作的重视。基建部门的建立，不但为日后太钢一系列基建工程的实施奠定了基础，而且支援了武汉、攀枝花和包头等地钢铁企业的建设工作。

此外，西北钢铁公司还十分重视技术工作的开展。1949 年末，公司呼吁技术人员和职工提出有关生产的合

20 世纪 50 年代太原钢铁厂改扩建工程项目施工现场

理化建议，并对从事生产改良工作或拥有发明创造的集体或个人给予奖励。次年，公司及下属各部门先后建立工厂管理委员会和职工代表大会，这两个民主管理机构成为职工提出合理化建议的渠道，其中许多建议指向生产领域，如改进装备操作方法、节约生产原料和创新产品工艺等。1950年改组后的太原钢铁厂对技术工作更为重视，并出台了《太原钢铁厂创造发明技术改进合理化建议奖励暂行条例》等一系列文件鼓励发明创造与技术改进，1952年至1953年，太原钢铁厂还组织群众性找窍门运动，将技术改进工作推向高潮。

从1949年10月开始，先后有多位苏联专家来到西北钢铁公司指导，对公司技术工作的开展助益颇多。1949年底，平炉炼钢专家马尔塞夫、赫力浩夫和季米道夫先后来到炼钢部工作。马尔塞夫改进了炼钢平炉烤炉方式、维修方法与除渣工具；赫力浩夫帮助炼钢部职工修缮了平炉，解决了阻碍炼钢生产的巨大难题。1950年初，马尔塞夫又提出“吹风法”，减少了炼钢时间；季米道夫亲自指导工人使用设备，促进生产操作的规范化。在苏联专家的指导下，西北钢铁公司炼钢部的生产效率不断提高，在一周内连续八次打破记录，取得了生产上的新突破，并在全国钢铁工业界产生了巨大反响。

十一　十里钢城红胜火：太原钢铁厂的生产竞赛运动

1950年4月，西北钢铁公司改组为太原钢铁厂，这一变化标志着曾经的西北炼钢厂和作为炼钢厂上级的西北实业公司结束了其历史使命。随着朝鲜战争爆发，全国上下掀起了抗美援朝运动，为了提高工业产量，支援前线战斗，

◎小贴士

抗美援朝运动：抗美援朝运动指的是20世纪50年代初爆发的抗美援朝战争的一部分，既指中国人民志愿军在彭德怀带领下入朝参战，也包括中国人民支援朝鲜人民抗击美国侵略的群众性政治运动。在中国人民志愿军出兵朝鲜期间，广大中国人民以实际行动支援前线，大批青年报名参加志愿军或报考军事院校，各机关、厂矿、学校、街道和农村踊跃捐款，据统计，人民群众捐款捐物的总数额相当于2710架战斗机。广大人民因抗美援朝激发起来的爱国热情也成为恢复和发展国民经济的强大精神动力。

国家工业管理部门主张在广大厂矿企业中组织爱国主义生产竞赛运动，广大工人的生产积极性空前提高，重组后的太原钢铁厂，以崭新的面貌，投入到这场运动当中，在历史上留下了浓墨重彩的一笔。

生产竞赛为祖国

1950 年 10 月，太原钢铁厂首届工代会通过了《开展爱国主义生产竞赛运动决议》，全厂爱国主义生产竞赛运动正式开始，并随着应战马恒昌小组的运动而达到高潮。

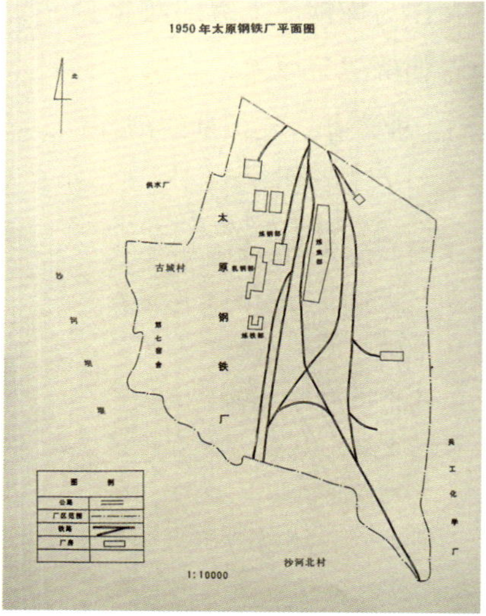

1950 年太原钢铁厂平面图

1951 年初，黑龙江齐齐哈尔第二机床厂的模范小组马恒昌小组宣布向全国工人发起挑战，并写下挑战书，向上级保证在单位时间内完成规定任务。很快，全国上下掀起了挑战马恒昌小组的热潮，太原钢铁厂也不甘落后。

1951 年 2 月，太原钢铁厂运输部和修造部两小组向马恒昌小组应战，并

20 世纪 50 年代的太原钢铁厂厂门

写下了挑战书。修造部的郗致荣小组为了能够在竞赛中取得优异成绩，制订了一系列计划用以提高生产效率。该小组将生产计划细化到每一周，周末由组长负责总结经验与生产中遇到的错误；组织年轻工人与老工人订立师徒合同，鼓励生产技术传递；组织党团员和积极分子向职工、群众宣传爱国主义思想，写信慰问前线的志愿军战士。在应战马恒昌小组期间，郗致荣小组不但提高了生产效率与职工们的劳动热情，而且对小组职工进行了爱国主义教育，启发了他们的阶级觉悟，将爱国热情投入到生产之中。

不仅如此，相同部门中的各生产小组之间也开展了竞赛。钢铁厂动力部机电工场的甲班向乙、丙两班发起竞赛邀请。他们写下挑战书，规定了一系列竞赛条件，如“保证供给全厂使用电力，送厂电压保证 2200 伏打”“保证工作时间不打盹，不睡觉”“不浪费保险丝及绝缘布”等。挑战书将工作内容和细节作为竞赛指标，有利于促进该部增产节约与规范生产，也使竞赛的操作性更强，有利于竞赛的公平性。炼焦部焦炉工场原料组也采用类似形式的竞赛，并利用焦炉工场的黑板报进行宣传，使竞赛更加深入人心。据工人回忆，当时的焦炉工场工人们最喜欢下班后去看黑板报，看看谁上了光荣榜。修造部机钳股仁学山小组同该部游应和等小组相互挑战、应战，取得很好的效果。机钳股内部各小组为了赢得竞赛的胜利，纷纷改进生产技术，提高工作效率。

1951 年 3 月，太原钢铁厂炼钢部与轧钢部两部订立竞赛合同，在太钢掀起了一股竞赛热潮，两部之间的竞赛合同受到《山西日报》《太原日报》等地方媒体以及太钢自办企业报《钢铁小报》的高度关注，它们纷纷进行了报道，工人们见自己的竞赛受到如此重视，更有热情投入到生产当中。两部门竞赛合同显示，本次竞赛由太钢工会负责领导，党委、青年团组织、计划室、人事室、生产课、检验课等部门共同监督，保证了竞赛的公平性。竞赛合同还建立了评分机制，该机制依据生产安全、成本节约、群众活动、产品产量和质量等环节得分确定总分，由上述监督部门进行评分，分阶段公布情况。

在生产竞赛运动中，《太原日报》《钢铁小报》等纷

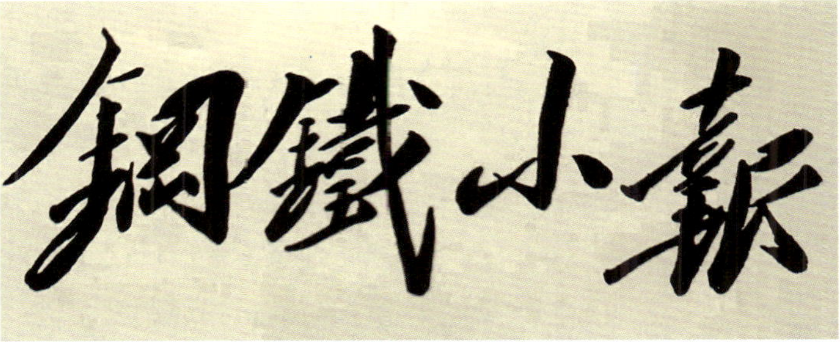

1951年1月毛泽东为《钢铁小报》题写的报头

纷刊载竞赛合同，公布评分细则，涉及企业生产的方方面面。例如，在产量方面的规定如下："完成计划产量为满分，未完成者扣分，按每次1%扣15分；创造月产量新纪录者加分，每超过新纪录1%加10分。"在群团组织活动方面也设置了相应的计分标准，主要依据职工业余文化学

◎**小贴士**

《钢铁小报》：太原钢铁厂内部发行的报纸，始创于1950年1月8日，并于同年2月成立了编辑组。该报为八开两版，后改为四开两版，面向全厂班、组以上单位和部门发行。1951年1月，毛泽东亲笔题写了"钢铁小报"四个大字，并委托中共中央办公厅转寄太钢，同年2月，毛泽东亲笔题写的报头正式被用于《钢铁小报》。该报主要报道太钢的生产技术动态，介绍生产技术知识，发表太钢职工创作的诗歌、散文、随笔等小型文艺作品，还有时事政治、人物专访和批评建议专栏等栏目。

煉鋼軋鋼生產競賽合同草案

1951 年 3 月 23 日太原钢铁厂轧钢、炼钢两部门生产竞赛合同

习出勤率与合格率制订积分标准，并由职工业余学校负责计分。为了监督两部门竞赛，党委、工会和青年团组织联合技术部门确定了每月审核与瞒报扣分制度，进一步保障了竞赛的公平性。这样，太钢炼钢、轧钢两部门之间的爱国主义生产竞赛在全厂乃至全市职工的注视下全面开展。

在近三个月的角逐中，两部门不相上下，均取得了优异的成绩，因此都开始思考应对方法。为了在竞赛中取胜，轧钢部将竞赛责任落实到职工个人。例如，该部某小组为此制订了职工个人计分制，将职工个人荣誉与小组挂钩，进而与轧钢部竞赛成绩挂钩。其个人计分制度包括：明确组内各成员分工，如规定工长负责全面工作及掌握成品质量，副工长协助工长调整轧辊和检查卡铁片，其他工人分别负责检查管道、地基螺丝和横梁等其他工作；编订详细的计分办法，并选举了计分委员协助组长工作等。轧钢部制定制度化措施的尝试为其提高竞赛成绩助益颇多，最终取得了胜利。

争当先进不落后

1951年，太原钢铁厂供应室率先对竞赛形式进行改革，并使生产竞赛运动逐步制度化。是年5月，供应室的先进集体矿石小组提出“十项保证”用以继续普及和推进生产竞赛运动，并订出新的竞赛计划向太钢全厂挑战，这一挑战计划刊载在《钢铁小报》上，被全厂职工传阅。矿石小组的“十项保证”突破了原先竞赛运动大多限于生产领域的藩篱，内容除生产外，涵盖政治学习、识字运动、计划管理、劳保登记、节约捐献、调资工作等，号召各部门在更多领域开展竞赛运动。例如，“保证各负各责，今日事今日毕”“保证供应不误，矿石原料安置适当”“保证学习工作都进步，做到互不妨碍”等。后来，“十项保证”被写在了矿石小组的爱国公约中，成为该小组的日常规范和行为准则。供应室成品股副产小组别出心裁订立了一套“红旗竞赛办法”，将生产竞赛推向了新高度。该小组的竞赛方法以生产任务为中心，此外涉及劳动纪律、学习、生活、安全与产品等多方面，推动职工个人积极参与竞赛，并以“红旗”“火车”和“黄牛”作为奖励与批评的标志。这种竞赛方式很快被全厂借鉴，包括炼钢部、炼铁部、运输部等多个部门开始借鉴这一竞赛评比标准，全厂掀起了夺“红旗”的热潮。

为了让全体职工都加入生产竞赛，广大宣传工作者也开始加大宣传力度，动员工人们积极参与。轧钢部成立竞赛宣传小组，通过劳动号子、黑板报、快板表演等形式激发职工的劳动热情。炼铁部宣传员白秋世提出“打碎矿石如打美帝，肃清杂质如肃特务”的口号，在碎矿工中宣传，将日常生产工作与抗美援朝和打击特务相结合，这种生动形象的宣传口号提高了碎矿工的竞赛热情。此外，竞赛奖励机制亦逐步完善。1951 年 3 月，重工业部钢铁局即对太钢炼铁、炼钢等部门在竞赛中取得的优异成绩予以奖励，除通报表扬和按照条例予以奖励外，还特别奖励“炼铁部小米五千斤、炼钢部小米一万斤、炼焦部小米三千斤”。1951 年年底，太原钢铁厂各部门竞赛奖励机制逐渐成型，主要包括通报表扬、授予红旗或证书等形式的精神奖励和奖金、奖品等物质奖励两种形式。

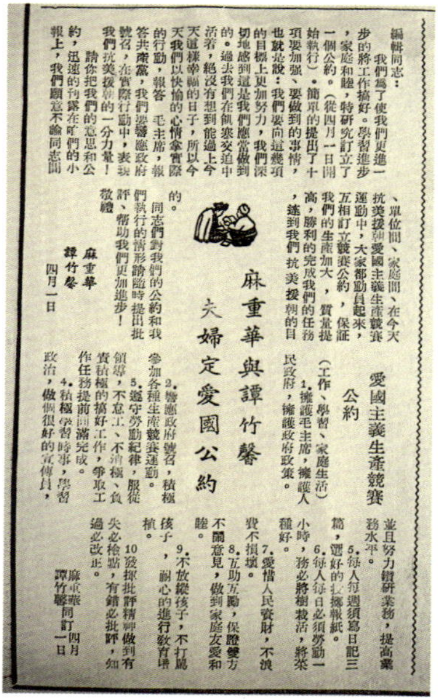
編輯同志：

我們爲了使我們更進一步的將工作搞好。學習進步，家庭和睦，特研究訂立了一個公約。（從四月一日開始執行）。簡單的提出了十項要加强、要做到的事情，也就是說：我們要向這幾項的目標上更加努力，我們深切地感到這是我們應當做到的。過去我們在飢寒交迫中活着，絕沒有想到能過上今天這樣幸福的日子，所以今天我們以快愉的心情拿實際的行動，報答毛主席，報答共產黨，我們要響應政府號召，在實際行動中，表現我們抗美援朝的一分力量！

請你把我們的意思和公約，迅速的刊登在咱們的小報上，我們願意不論同志間、單位間、家庭間、在今天抗美援朝愛國主義生產競賽運動中，大家都動員起來，互相訂立競賽公約，保証我們的生產加大，質量提高，勝利的完成我們的任務，達到我們抗美援朝的目的。

同志們對我們的公約和我們執行的情形請隨時提出批評、幫助我們更加進步！

敬禮

麻重華
譚竹馨
四月一日

麻重華與譚竹馨夫婦定愛國公約

愛國主義生產競賽公約

（工作、學習、家庭生活）

1.擁護毛主席，擁護人民政府，擁護政府政策。

2.響應政府號召，積極參加各種生產競賽運動。

5.遵守勞動紀律，服從領導，不怠工、不消極、負責積極的搞好工作，爭取工作任務提前圓滿完成。

4.積極學習時事，學習政治，做個很好的宣傳員，並且努力鑽研業務，提高業務水平。

5.每人每週須寫日記三篇，選好的投稿報紙。

6.每人每日必須勞動一小時，務必將樹栽活，將菜種好。

7.愛惜人民資財，不浪費不損壞。

8.互助互勵，保證雙方不鬧意見，做到家庭友愛和睦。

9.不放縱孩子，不打罵孩子，耐心的進行教育培植。

10發揮批評精神做到有失必檢點，有錯必批評，知過必改正。

麻重華 譚竹馨 同訂 四月一日

1951 年 4 月 17 日太钢工人与妻子订立的家庭爱国公约

随着爱国主义生产竞赛运动的不断深入，钢铁厂非生产部门也开始借鉴这一形式，参与抗美援朝运动。1951年4月25日，太钢三食堂向一、二食堂挑战，并邀请厂部、工会和《钢铁小报》编辑部作为监证人，通过馒头、包子、大米、面条、果蔬等比较哪一个食堂可以使职工“钱花得少，饭吃得好”。供应室材料课账务小组的职员制订了部门竞赛计划与个人工作计划，提高会计和审计等工作的效率并节约纸张、账本等物资，还制订了“红旗”“飞机”“汽车”“黄牛”四个考核标准，该部门中形成“人人争当‘红旗’，不当‘黄牛’”的竞赛氛围。运输部业余学校全体教学员订立关于出勤率、教学进度和文化课成绩等标准的挑战计划，向太钢各部业校及太原机器厂、兵工三十三厂业校挑战，以此督促教员教学和学员学习。甚至一些职工和家属也订立爱国公约，积极参与爱国主义生产竞赛运动。

捐献战机掀高潮

太原钢铁厂爱国主义生产竞赛运动的高潮，是为志愿军捐献“太钢号”战斗机。时至今日，许多老工人们都还记得为了实现捐献任务，大家争先恐后投入生产的那段难忘岁月。1951年6月12日，太原钢铁厂党、政、工、团等组织召集劳模、工程师、报告员、宣传员和家属委员会代表在内的320余人召开联合扩大会议，制订了为志愿军捐献一架“太钢号”战斗机的计划。为实现捐献计划，扩大会议拟定了具体的捐献办法，即“工人应以开展马恒昌式生产小组竞赛，非直接生产人员从事业余生产，工程师技术人员可开展合理化建议和技术改进，普遍以义务加工和家属搞副业生产节约等方式”，以此提高生产效率、增加产量，完成捐赠“太钢号”战斗机的任务，太钢各部门职工也据此结合本部门生产实际提出具体的保证条件。

太原钢铁厂动力部职工决定在工余时间参加由部门工会委员会领导的捡废旧钢铁、挖土方、割青草等义务劳动，并保证要捐出人民币 1 亿元（旧币）以上；外线组则决定进行义务加班劳动，甚至该部门早已将决定付诸实施，并于 6 月 8 日晚就已加班两小时；轧钢部苏福林小组以提高生产效率来实现增产捐献的目标。为完成增产捐献任务，不同部门、小组乃至职工个人之间都进行了竞赛。各个部门提出生产口号以鼓舞人心，如轧钢部提出“多产一根钢，就多消灭一个敌人”的口号；炼钢部提出“机器就是武器，工厂就是战场，多炼一吨钢就增强一分国防

太钢工人投身爱国主义生产竞赛运动

力量”的口号。截至1951年11月，炼焦部的模范小组焦崇山小组通过制定计划、技术改进和内部竞赛等方法，提前完成了本部门的捐献任务。他还向全市劳模发起挑战，提出发起“增产节约竞赛”的号召。焦崇山小组的竞赛号召通过报纸等方式在太原各厂矿传播，将增产节约运动推向高潮。在增产捐献竞赛的浪潮中，太钢职工不断创造生产记录，仅8月份全厂就产生了58次新纪录。生产竞赛大大加快了捐献运动的进程。

1951年太钢宣传画

1951年11月底，太钢已超额缴清捐赠“太钢号”飞机的款项，且仅在7到10月间，各部门增产总值就达到9800多万斤小米。在这场运动中，全厂干部、职工及家属全力以赴，用实际行动践行了爱国主义精神。

十二　不锈之魂铸辉煌：共和国第一炉不锈钢

进入 21 世纪，每当人们说起太原市的工业布局，都会用“北有不锈钢，南有富士康”来说明，“太钢不锈”一度是太原工业的骄傲。时至今日，不锈钢仍为太原最重要的工业产品之一，太钢不锈钢工业园区在太原工业布局中也占有重要地位。那么，太原这座工业城市是如何与不锈钢结下不解之缘的呢？这还要从 1950 年说起。

太钢集团不锈钢工业园区

太原发展不锈钢生产的条件

中华人民共和国成立之初，国家经济建设与社会发展对不锈钢等特殊钢产品的需求量日益增大。随着朝鲜半岛局势日益紧张，远东地区“冷战”愈演愈烈，中国国防建设和军工生产也对特殊钢产品提出强烈需求。当时中国不锈钢等特殊钢产品的生产力还十分落后，基本依赖进口。在这样的局势下，国家重工业部决定发展特殊钢生产，并组织技术人员到全国各地考察特殊钢生产的条件。当时考察团一行先后到鞍山、抚顺、武汉、重庆、广州、杭州等地考察，分析各地的生产条件，但是由于种种原因均无法达到要求。后来，在已调任重工业部钢铁工业局副局长的陆达的建议下，考察团决定对太原进行考察。

1950年冬，重工业部钢铁工业局派苏联钢铁专家吉米多夫赴太原考察发展电炉炼钢的条件，并派出合金钢专家丘玉池博士、机械专家张行廉工程师和特殊钢专家王国钧工程师陪

20世纪50年代太原钢铁厂厂景

王国钧

同。中苏专家一行在考察太钢及周边厂矿企业后，向上级部门提出了在太钢发展不锈钢等特殊钢生产的建议。据资料记载，专家们认为太原具有发展特殊钢生产的技术和资源优势。“第一，山西有煤有电，适宜于发展特殊钢厂；第二，太原有重点兵工厂，便于就地供应，对发展军工有利；第三，太钢有650毫米中型轧钢机，比当时全国的钢厂条件都好，可轧制较大的钢锭，更能保证产品质量。”朝鲜局势的骤变和抗美援朝战争的爆发使中国东北及沿海工业区的区位优势大受影

◎小贴士

王国钧（1916—1993）：1916年生于四川成都，1944年赴美学习特殊钢生产，1946年学成归国，先后在鞍钢、华中钢铁公司、广州钢厂等处任职。1949年后，王国钧担任重工业部钢铁工业局工程师，1951年被派往太钢筹建电炉炼钢部，先后担任太钢电炉炼钢部主任、中心实验室主任、技术处长、总工程师等职务，是我国著名的特殊钢专家。他在太钢组织研制和生产了多种新型钢材，为我国国防尖端行业和高新科技的发展贡献力量，也为太钢由普通钢厂发展成为大型特殊钢基地做出卓越贡献，并培养了一大批特殊钢技术人才，1993年逝世。

响，部分关键设备与技术人员也开始在国家统一安排下疏散至内地开展生产。

从1951年初开始，重工业部钢铁工业局在副局长陆达的统一协调下，抽调特殊钢技术人才支援太原钢铁厂，并将重工业部钢铁工业局、北京石景山钢铁厂、唐山钢厂、青岛纺织机器厂、山西机器厂和重工业部上海工程处等单位的电炉与电弧炉设备迁运至太钢，帮助筹建可以生产特殊钢的电炉炼钢部。为使太钢具备轧制特殊钢板的生产能力，还从上海军管会调运了一套日本制热轧薄板设备，又通过国家副主席宋庆龄获得了一份德国的相关技术资料，随之筹建了可以轧制特殊钢板的薄板部。至此，太原钢铁厂基本具备了生产不锈钢等特殊钢的有利条件。

电炉炼钢部的筹备与兴建

1950年初，时为太钢厂长的李非平经与技术人员调研后，决定兴建铸钢车间，发展机械和军工所需的铸钢生产。于是，被钢厂留用的日本铸钢专家吉田带领技术人员设计并修建了车间和厂房。不久后，国家决定在太原兴建重型机械厂，太钢发展铸钢工业的意义有所减弱。因此，在苏联专家建议下，太钢决定“变废为宝”，利用原铸钢厂房建设可以炼制不锈钢的电炉炼钢车间。于是，重工业部钢铁工业局决定将王国钧抽调至太钢负责领导不锈钢生产的工作。收到这一任命后，作为高级知识分子、留美工程师的特殊钢专家王国钧有些疑惑，他在回忆录中这样写道：“当时有这样一个舆论，调太原不是重用，而是贬谪，这对我是一个压力……我的思想包袱很沉重。”1916 年出生的王国钧当时还不满 40 岁，曾赴美学习先进的特殊钢生产技术，怀揣着报国理想的他回国后即受重用，被安排在重工业部担任工程师，正是宏图大展的年龄，却被从中央派往基层。好在陆达等领导及时为他做思想工作，王最终树立了“为人民服务，不讲条件”的思想意识，坚决服从上级任命，来到太钢工作，担任尚在筹建中的电炉炼钢部主任。

在太钢基建部门的统一协调下，电炉炼钢部开始了紧张的筹建工作，为了让主任王国钧能够全身心投入到技术工作中，太钢厂领导任命曾在解放区领导群众工作的岩滔担任炼钢部副主任，主抓行政、人事等琐碎工作，与王国钧密切配合。太钢有着现成的车间和厂房，又从其他地区调运设备，因此筹建工作最主要的是车间内部设计与设备安装工作。电炉炼钢部的设计工作以王国钧为总负责人，机械设计由赵季和负责，图纸设计由周秉恭负责。王国钧等人先后设计了变压室、电炉地基和电炉倾动装置等，并安装由唐山等地迁运而来的电炉设备。在设计变压室时，没有现成的图纸和参考资料，只能依靠实地考察和现有的知识进行设计，王国钧等人直接将设计室搬到了现场，与技术人员和工人一起参与施工，确保了工程质量。与此同时，太钢开始兴建电炉炼钢车间的配套车间——锻钢车间，该车间配备有当时较为先进的锻钢设备，是后来太钢发展不锈钢锻造生产的基础。

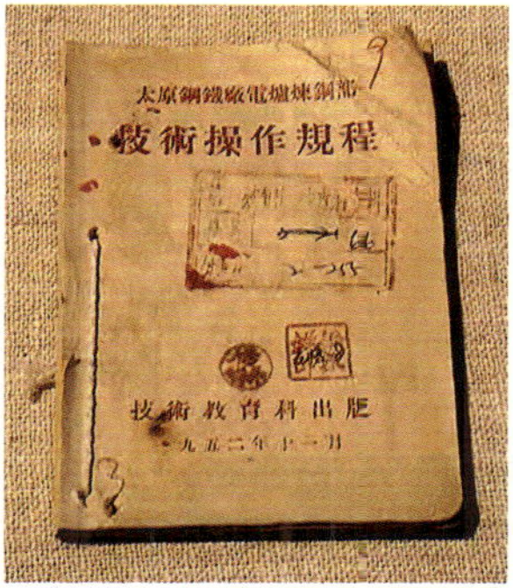

太钢 1952 年电炉炼钢操作规范

除了土建施工和安装设备外，王国钧和岩滔等电炉炼钢部领导抓紧储备和培养技术人才，上级部门也及时给予充分支持。1951 年初，冶金专业新毕业的大学生全钰嘉被分配至太钢工作。因为他曾学习过电炉生产技术，所以被分配在电炉炼钢部担任工场长。不久后，唐山钢厂抽调了一批技术人员和技术工人来到太钢，也从其他部门选拔了具有高小以上文化程度的青年技术工人接受相关培训，作为电炉炼钢部的储备人才。1951 年末，在有关部门安排下，太钢选拔二十多名技术人员和工人赴抚顺钢铁厂实习，学习相关技术。据带队干部全钰嘉回忆，当时技术人员和工人们在抚顺实习期间“一起倒班，一起住在一个仓库的大通铺上。共同的劳动、生活和学习建立了深厚的友谊”。太钢先后派出两批技术人员和工人赴抚钢实习，为筹建电炉炼钢部和发展不锈钢等特殊钢生产奠定了技术与人才基础。1952 年 4 月，电炉炼钢部电炉车间正式建成投产。虽然本部配套车间即锻钢车间直至 1953 年初才竣工，但是 1952 年中旬电炉炼钢部已经具备生产特殊钢的能力，为太钢炼制共和国第一炉不锈钢奠定了基础。

新中国第一炉不锈钢的诞生

1952 年初电炉炼钢部正式建成投产后，首先进行了试制硅钢的工作，在苏联专家的指导下，太钢成功炼成了可以批量生产的硅钢。同年秋，太钢电炉炼钢部在借鉴苏联不锈钢生产工艺的基础上，开始了独立试制不锈钢的工作。

经过技术调研后，太钢决定试制高铬耐热不锈钢。在试制过程中，电炉炼钢部组织了一批由技术人员和熟练工

◎小贴士

不锈钢：为不锈耐酸钢的简称，具有耐弱腐蚀介质的性质。在工业术语中，“不锈钢”一词并非单纯指一种产品，而是表示一百多种工业用不锈钢，所开发的每种不锈钢都在其特定的应用领域具有良好的性能。世界上最早的不锈钢由一战时期英国科学家布雷尔利研制。如今，不锈钢已被广泛运用于建筑、交通、航天、军工、造币、精密制造乃至 3D 打印等领域，是重要的现代工业产品。

人组成的“专业试炼小组”为全部门打头阵，努力调动他们的积极性。小组提出了“边试验边总结”的科学方法，不但加快了试制进程，而且节省了宝贵的炼钢原料，为全部门不锈钢生产积累了经验。为规范不锈钢生产，早在试验阶段，王国钧即在苏联专家制定的技术流程基础上加强了成品化验、炉渣成分鉴定和炉前动检查等技术环节，这种做法有利于及时掌握冶炼变化情况，规范生产工艺流程。技术员刘光来等人也提出控制不锈钢铬含量的技术建议。

第一炉不锈钢生产现场

在试制不锈钢的过程中，广大党团员也充分发挥了先锋模范作用。据资料显示，炼制高铬耐热不锈钢时，许多工人和技术人员存在保守主义和畏惧心理，担心试炼工作会损坏电炉设备或造成资源浪费，阻碍本部门完成该月或该季度的生产任务；甚至“炉与炉之间，班与班之间存在本位思想”。每个生产小组都不想在本组操作的电炉上试验，担心对设备造成损伤，影响本组的“夺红旗、夺奖金”的成绩，这是一种本位主义思想。因此，电炉炼钢部党政干部在了解职工存在以上思想后，一方面，从技术领域进行突破，大量收集苏联专家的不锈钢生产资料，包括不锈钢化学性能、冶炼指示和原材料等，组织技术部门进行反复分析和整理；另一方面，不断在工人中介绍相关技术经验。如领导群众经验丰富的支部书记王泽民及时动员全体职工，向他们讲解试制高铬耐热不锈钢的政治意义，号召职工发挥大家智慧与困难作斗争，响应党委的号召；部主任王国钧鼓励大家坚决支持带头行动，用苏联的办法冶炼；劳模黄庆太当场表示响应党的号召。党团员、劳模及技术人员们对电炉炼钢部肃清各种落后思想起到了关键作用，也为最终成功试制不锈钢做出了贡献。1952 年 9 月中旬，太钢电炉炼钢部在 3 号电炉上成功试炼了第一炉不锈钢，随即在轧钢部门的帮助下，将这炉不锈钢削制成一个银光闪闪的宝塔，送往北京向党中央和毛主席报喜，成为太钢献给当年国庆大典最珍贵的礼物。

第一炉不锈钢制成的宝塔

1952 年后，太钢的不锈钢生产进一步发展，与此同时，太钢也成功试制了硅钢、碳工钢等其他特殊钢产品，为太钢由普通钢厂逐步过渡为特殊钢厂奠定了基础。1953 年，太钢电炉炼钢部和技术部门总结出《高铬耐热钢不氧化冶炼要点》，为生产不锈钢制订了技术标准，并不断研发其他类型的不锈钢产品。1956年后，周恩来、朱德、刘少奇、邓小平、陈毅等党和国家领导人先后到太原钢铁厂电炉炼钢部参观调研，

太钢不锈钢管生产车间

并对不锈钢等特殊钢生产做出指示。1970年3月，在国家有关部门的支持下，太钢同德意志联邦共和国企业达成合作，成功引进了一套当时较为先进的不锈钢冷轧设备，标志着太钢逐步建立完整的不锈钢生产线。1978年改革开放后，太钢也迎来了发展的春天。在国家和山西省有关部门的领导下，太钢先后引进了日本、德国、奥地利等国一系列先进的不锈钢生产设备，并不断实现技术改进和研发，成为中国乃至世界不锈钢生产领域的领军企业。2005年发行的第五套人民币中，1角硬币全部采用太钢生产的不锈钢铸造；同年6月，“神州六号”载人飞船也使用了三类四种太钢生产的不锈钢产品。相信在未来，太钢不锈钢一定会继续铸造辉煌，为实现中华民族伟大复兴的中国梦贡献力量。

十三 从革命功臣到劳动模范：炼钢能手王贵英

1950年9月25日至10月2日，全国工农兵劳动模范代表会议在北京中南海怀仁堂隆重召开。太原钢铁厂炼钢工人王贵英代表山西工人出席本次盛会，并当选为山西省第一位全国劳动模范，受到了毛泽东等党和国家领导人的

◎小贴士

全国工农兵劳动模范代表会议：1950年9月25日至10月2日由中央人民政府政务院在北京召开的首届全国各界劳动模范表彰大会。时任中央人民政府主席的毛泽东，副主席朱德、张澜、李济深等人出席。本次盛会开幕式由朱德主持，政务院副总理陈云致开幕辞，随后，毛泽东、刘少奇、李立三等党和国家领导人纷纷致辞或发表讲话。会议期间，参加会议的464名代表全部被中央人民政府授予全国劳动模范称号。

亲切接见。这次接见使王贵英终身难忘，他回忆道："被选为全国劳动模范后，在中南海第一次见到了伟大领袖毛主席，毛主席那样慈祥，那么亲切，同我们握了手、讲了话。"这位从太原钢铁厂走出来的山西首位全国劳模，有着不平凡的人生经历。

第一届全国劳模进入新华门

忠实的革命功臣

1917年，王贵英出生于太原阳曲县南龙泉村的一个雇农家庭，当时他家只有两三间破窑洞和一些贫瘠的山坡地，由于生活困难，父亲只能在地主家当长工。贫穷和苦难使王贵英养成了不怕苦、不怕累的品质。1937年日寇侵占山西，本已贫困不堪的王家更是雪上加霜，为减轻家里负担，王贵英离开南龙泉村，到日寇控制下的太原铁厂打工谋生，成为炼钢平炉车间的一名炉前工。据王贵英回忆，"当时，我们工友住在古城，穿不上、吃不饱，还经常挨日本工头的毒打"。屈辱的经历激发了王贵英心中的斗争热情，在他心里埋下了革命的种子。

王贵英

1944年，王贵英回老家阳曲探亲时，接触到在当地活动的晋绥边区第八分区城工部阳曲县工作团的地下工作者，他们向王贵英宣传了中国共产党的抗日主张。回想自己在工厂受到日本侵略者压迫的经历，王贵英心中燃起了革命的火焰。于是，他同中国共产党领导的地下组织确立了工作关系，在太原铁厂从事党的地下工作。王贵英回到工厂后，把自己在工厂内了解的情况定期向城工部领导人宁茂林汇报，并将太原城北的交通、工厂分布、敌人驻兵与碉堡位置等绘制了地图，协助城工部和前线工作团开展抗日斗争。抗战胜利前夕，王

◎**小贴士**

晋绥边区第八分区：抗日战争时期晋绥边区下属的一个分区，下辖太原附近及吕梁山区的文水、交城、晋源、清源、徐沟、方山、汾阳、古交、平介、阳曲等县。八分区的战略地位十分重要，是中国共产党中央机关所在地陕甘宁边区通向其他抗日根据地的交通要道之一。在抗战时期，八分区军民多次完成运送伤员、粮食、弹药、文件等艰巨任务，并安全护送了刘少奇、邓小平、彭德怀、刘伯承、杨尚昆等党中央领导人和中共七大代表，被誉为“钢铁走廊”，为抗战胜利做出了贡献。

贵英等人的革命活动引起了敌人警觉，党组织为了保护王贵英等人，命令他们撤离太原。

1945 年抗日战争胜利后，阎锡山接收了日本控制下的太原铁厂，并将其复名为西北炼钢厂。次年 6 月，阳曲城工部指示王贵英回到西北炼钢厂工作。这一次，王贵英带着党组织的又一个重要任务，即团结广大工人同阎政权作斗争。王贵英回到西北炼钢厂时携带了大量的革命传单，印有革命歌曲、告工人书、国际形势、解放区生活、共产党政策等内容，他通过熟悉的工人将这些传单散发了出去。1948 年，阎锡山领导的特务组织“特种警宪指挥处”开始大肆搜捕地下党工作者和进步工人，王贵英也遭到了敌人的迫害。据王贵英回忆：“那一年的正月二十五晚上，我突然被特警处逮捕。在监狱中，敌人对我进行了严刑拷打，但我硬是咬紧牙关，没有暴露我方一点情况，敌人见我不招，又押回了监狱。”王贵英被捕使炼钢课的进步工人们十分焦急，在平炉工长温超良等人的组织下，炼钢课进步工人消极生产，打算利用敌人急于炼钢的想法营救王贵英。见炼钢课生产陷于停滞，敌人十分焦急，便向工人们询问原因。工长温超良回答：“好炼钢手扣的扣，捕的捕，留下的都是些半瓶子（指技术不熟练的人），怎么能炼出钢来？”并向敌人提出了只有释放王贵英才能出钢的条件，最后敌人只好释放王贵英。

出狱当天，一个特务就曾恐吓王贵英，但是他丝毫没有屈服，反而和其他地下工作者一起领导了“抢食堂”运动等斗争，将炼钢厂工人运动推向了高潮。1949 年太原解放前夕，为摆脱特务的监视和迫害，同时为接管西北炼钢厂做准备，王贵英离开了炼钢厂，到解放区机关工作。

敬业的炼钢工人

1949 年 4 月，西北炼钢厂迎来了解放，王贵英也回到了自己熟悉的炼钢平炉车间，与工友们一同将全部力量投入到炼钢生产工作中，为建设新中国贡献力量。1949 年 8 月，西北炼钢厂改组为西北钢铁公司，后又更名为太原钢铁厂，在此期间，王贵英始终奋战在生产第一线，是最敬业的炼钢工人。回到工作岗位的王贵英被上级部门任命为高炉丙班班组长，他带领该班工友全身心投入到炼钢生产中，不断刷新炼钢部的生产纪录。在炼钢生产中，王贵英并不是一味蛮干，而是认真学习炼钢知识，努力为大家解决技术难题。1949 年 10 月，炼钢部一号平炉前壁出现问题。由于温度过高等原因，炉顶砖失去靠力，随时可能因膨胀松散而倒塌，造成生产事故。这时，干部和工人们都束手无策。可王贵英却不信邪，他苦心研究，把炉顶的部分耐火砖拆下，找了一块同样大的铁板，用乙炔焰焊接好之后，

1950年5月1日太钢劳模大会

再添加一些耐火砖，最终修理成功。平炉修缮工作完成后，丙班在王贵英带领下继续投入到忙碌的生产之中，同年11月计算产量时，丙班创造了炼钢生产的新纪录。因此，在太原钢铁厂劳模评选大会上，王贵英光荣当选为特等劳模。与此同时，王贵英通过了党组织的考核，正式加入中国共产党。

成为党员的王贵英更加努力地投入到炼钢生产中，悉心钻研生产技术，虚心向技术人员请教，成为炼钢部工人们的榜样。他能准确掌握炼钢时间，在铸炼中可以正确地判断成品钢内部各种成份的高低，从而适当地添加氧化剂和溶剂，使成品钢锭达到产品标准。他把炼钢平炉当成了自己的好伙伴，对平炉的操作与维修流程十分熟悉，就像医生熟悉人的身体。1949 年 12 月，炼钢平炉的炉床发生故障，影响生产。那时候用来修制炉床的镁砖质量较差，难以长期使用。王贵英与技术人员们一起商议，最终他想到了一个好办法，为炼钢部解决了问题。王贵英将镁砖打碎代用，之后填补、烧炼炉床。他的做法不但修好了炉床，而且炉床的使用时间也延长了不少，还为工厂节省了原料。1950 年 1 月，工人们发现炼钢炉的炉温总是达不到要求，大家认为是供热的煤气出了问题。可王贵英经过仔细检查后最终发现，炉温之所以无法提高是因为炉中煤气太多，使密度和压力增大，因此不能充分燃烧。于是，他马上叫工友打开烟囱，只用了不到十分钟，炉温迅速升起，达到了生产所需的标准。

因此，当时太钢流传着一句话：“平炉就怕王贵英。”据工人回忆，有一次，炼钢部组织大家修理平炉出钢口。这项作业首先要除去旧的残铁残渣，修理工高德文用氧气烧、铁棍打，四个小时也没有完成。这时王贵英看急了眼，冲上去用自己的办法处理，很快完成了工作。1950 年 4 月，苏联专家建议炼钢生产应“冷装”改“热装”，即炼铁高炉出了铁后，马上倒入炼钢炉里。这样不但可以节省作业时间，而且能省工省料，只是操作难度有点大。王贵英接受了苏联专家的建议，经与技术人员商议后，他们想出了办法，并首先在他的丙班完成了该工作，使生产效率迅速提高。

1950 年初的几个月里，王贵英在生产一线不断创造奇迹，他带领丙班工友们首创了双包出钢法和快速炼钢法，缩短了炼钢作业的时间，并提高了产品质量。据资料显示，当时炼钢部的钢产量比日据时期提高了三倍以上，出钢时间则缩短了近一半。王贵英在生产上不断取得成绩，因此也受到了上级领导的重视。1949 年以来，王贵英多次被评为省、市和太钢全厂的劳动模范，太原市工业部门多次号召全市工人阶级向王贵英学习。1950 年 9 月，《人民日报》刊载了由太原钢铁厂通讯组署名的文章《太原钢铁厂炼钢能手王贵英》，他还当选为第一届全国劳动模范，就这样，王贵英成为山西省第一位全国劳模，更成为 20 世纪 50 年代全国人民家喻户晓的炼钢能手。

杰出的劳动模范

曾经采访过王贵英的《人民日报》记者李翼曾这样形容王贵英：“他是全国知名的炼钢能手，是一个刚毅的、有着燃烧般的热情和超等勇气的优秀的共产党员。”全国劳模会议结束后，王贵英返回太原，回到炼钢炉前继续工作，并把受到毛泽东等党和国家领导人接见的消息告诉了一起工作的工友们，还在全厂进行汇报，光荣的劳模王贵英成为工人们心目中的明星，太原市乃至山西全省的劳动者都以王贵英为荣。此时，爱国主义生产竞赛运动已经展开，王贵英带着饱满的热情投入到工作当中，并代表平炉丙班提出了“战胜时间就是战胜一切”的口号。在这种思想的指导下，王贵英和工友们经常拼命加班，奋力工作。

在一次生产竞赛中，平炉出钢口因为温度过高而坍塌，王贵英带领平炉车间的工友们冒着 500 多度的高温，披着冷水浸湿的被子在烈火中进行抢修，甚至被子都冒了烟，可工人们在王贵英的带领下毫无畏惧，用 38 个小时终于完成了抢修任务。1951 年 2 月，炼钢部平炉装入机发生故障，无法继续添加原料，看着平炉中的烈火还在燃烧，工人们十分焦急，因为大家知道，无法装料不但浪费了生产时间，而且容易烧坏炉壁，引发生产事故。“不积极就是政治上最大的错误。”

光榮花永遠掛胸前

記太原鋼鐵廠勞動模範王貴英

西一

王貴英同志的模範事蹟要是詳細說起來，那簡直太多了。許多事情，過去咱們報紙上也介紹的不少，現在咱們從他去年從北京回來談起。

去年王貴英當選了太原市出席全國工農兵勞模會議的代表，在北京他幸福地見了毛主席。

晚上到宿舍後，他還興奮地半夜睡不着覺，他想着毛主席講的話，勞模應起三大作用，他永遠記在心裏，成了他學習和工作的巨大推動力量。他從北京回來後，更加虛心地學習了蘇聯專家的先進經驗，改進自己的操作方法，也首先使用空氣壓縮機吹風法，縮短冶煉時間，使煉鋼部今年一月份在七天[illegible]新紀錄；冶煉時間的紀錄，打破了[illegible]界標準。

今年二月，有一天馬丁爐裝入機發生了故障，不能開動裝料。馬丁爐裏熊熊的火焰在空着肚子。

1951 年 11 月《太原日报》对王贵英的报道

王贵英想起了党的负责同志经常告诫他的话，于是，他立刻动员、组织大家，实行人工装料。他首先奋不顾身地冲向炉门，站在炉口的最近处，把别人传递过来的原料，用手一一送进平炉。火焰不断地扑向他的身边，衣服被烧着了，但他仍然不停地工作着。他曾对大家说："机器就是武器，工厂就是战场。多炼一吨钢，就是增强一分国防力量。"爱国主义的口号大大地鼓励了工友们的工作情绪。最后，他们用比装料机装料还少五分钟的时间，提前完成了装料的工作。

1951 年初，王贵英带领炼钢部工人们战胜了各种困难，学习了苏联专家的先进经验，在一周内连续 8 次创造新纪录，使太钢炼钢部的平炉炼钢时间缩短到了 5 小时以内，接近当时的世界先进水平，被国内外同行称为"新中国钢铁事业蒸蒸日上的一项标志"。同年秋，王贵英被提拔为炼钢部副主任，以工人身份成为钢铁厂的干部，还成为炼钢技师和工程师。可是王贵英仍然坚持奋战在生产第一线，与工人们一起工作，受到了大家的称赞。据他回忆："我们工友们相处得亲如兄弟，衣食不分，一人有困难，大家都去帮。"在抗美援朝运动期间，王贵英带领太钢工人们积极捐款捐

1951 年在炼钢平炉前的王贵英

物，努力生产，他的妻子也向组织捐出自己陪嫁的首饰，最终与全体太钢职工和家属共同捐献了一架“太钢号”战斗机，为抗美援朝战争的胜利做出了贡献。

1953 年，王贵英作为新中国“炼钢能手”访问了前德意志民主共和国，与兄弟国家同行们交流炼钢经验。1954 年当选为第一届全国人大代表，并在第二、第三届全国人大会议期间再次当选为全国人大代表。1956 年当选为太钢工会主席、党委常委。1982 年 5 月代表太钢参加全国劳模座谈会，并受到邓小平等党和国家领导人的亲切接见。从团结在中国共产党旗帜下优秀的地下工作者，到爱岗敬业的炼钢能手，再到人人景仰的劳动模范，王贵英用一生践行了中国共产党人的责任和使命，书写了中国工人阶级的奋斗篇章。

十四 扫除拦路虎：“当代愚公”李双良与治渣工程

2010年7月，太原钢铁集团公司向社会发布了一项公告，决定定期组织“公众开放日”活动，接待对象为社会团体和普通市民。广大市民和游客可以采取提前预约、组团参观等方式游览太钢热连轧和冷轧生产线、渣山公园、不锈钢园区、太钢城市生活污水处理中心、太钢博物园等景点，使市民和游客与太钢这一全国著名钢铁企业零距离

太钢渣山公园

接触，也为工业旅游发展提供新思路。在这些景点中，“渣山公园”最引人注目。提起渣山公园，就不得不提被誉为“当代愚公”的李双良。他带领职工治理了巨大渣山，为附近居民打造了宜居环境，也为太钢开辟了一条守护绿水青山的生态和谐发展之路。

受任治渣，立下“军令状”

李双良，1923年9月生于山西忻州一个贫苦农民家庭，年少时失去父母，举目无亲的他只好外出打工。1947年，李双良在西北炼钢厂参加工作，并在新中国成立后迅速成长为一名本领高超的技术工人。1950年，西北钢铁公司改组为太原钢铁厂。次年初，李双良利用高温爆破方式，成功解决了炉膛结瘤的难题，成为相关领域的“全国第一”。

◎小贴士

太钢渣山公园：位于太原城北、太钢集团厂区以南，是太原城北一道靓丽的风景线。渣山公园及附近曾为太钢处理工业废渣的场所，改革开发后经过多年治理并通过绿化、重建后被开辟为公园，是太钢厂区重要的绿地。自太钢实行公众开放日活动以来，作为“爱国主义教育基地”的太钢渣山公园吸引了大批社会团体、各界人士参观访问，从1990年至2020年，累计接待国内外参观者60万人次。

青年时代的李双良

1953年，他又应邀来到重庆钢厂，用最短的时间帮助重庆钢厂解决了炉膛结瘤问题。1955年，李双良正式加入中国共产党，并成为当时冶金系统闻名全国的“爆破能手”。20世纪50年代后，他先后在太钢担任值班工长、车间主任、车间党支部书记、加工厂副厂长等职务，并于1983年退休。然而退休后的李双良仍然没有忘记为太钢工作，正所谓老当益壮，已是花甲之年的李双良又为太钢的发展立下汗马功劳。

晚年的李双良曾回忆道：“大家知道我李双良，都是因为渣山。”的确，李双良为太钢移走了渣山，为企业的发展和城市生态环境的改善做出了卓越的贡献，那么李双良所说的渣山究竟是一座什么样的“山”呢？那还得从1983年说起。那一年，已到退休年龄的李双良漫步在太钢渣山附近，这座渣山是当时太钢唯一一块排放废渣的场地。自从1934年西北炼钢厂成立以来，这里就是钢厂的排渣场，多年来这里已经慢慢形成一座体积达1000万立方米、最高处高达23米的巨大渣山。1978年后，随着钢铁产量迅速增长，排渣量也逐年增加，当时太钢厂区总面积仅8.4平方公里，然而渣山就占去2.3平方公里。巨大的渣山不仅制约了企业的发展，更给太原市环境带来严重的破坏。

20 世纪 80 年代治理中的太钢渣山

而且，随着渣山坡度不断增大，运送废渣还时有翻车事故发生。为治理渣山，太钢领导提出两种设想。一是利用提升机运渣，继续提高渣山高度；二是在太原市远郊开辟新的排渣场。可这两种办法都有许多缺点。于是，李双良站了出来，头也不回地走上了治渣路。在太钢公司领导的支持下，李双良获得了治渣权，并向上级保证，自己在治渣中既不要投资，也不要奖励提成。他召集了一批和自己年纪相仿的离退休老干部和职工，这批被他称为“搬山老汉”的老同志们与他一道，对渣山宣战。

李双良首先想到的是把废渣排放到太原东山。经过多次考察，李双良在太原东山大槐沟附近找到了合适的排渣沟，他亲自去量尺寸，并答应当地农村，排渣后会帮助当地填埋排渣沟，实现“变沟为田”。随后，李双良同太原市交通、城建、环保等有关部门商议，向他们晓以治理渣山对太原市容环境与发展建设的好处，终于获得支持。此外，他组织了一支由工人、市民与郊区农民组成的治渣队，于 1983 年 5 月 1 日开始，利用汽车、手扶拖拉机和平车等运载工具进行排渣工作，这支排渣队伍在李双良的指挥下用一个月的时间运走废渣 8 万多吨，同时回收废钢铁近 4 万吨。可是，这种方法不但成本高昂，而且时常造成交通阻塞，李双良开始思考其他的治渣方法。

变废为宝，钢渣再利用

有一次，李双良注意到太原滨河路一带水利部门正在用垃圾充填汾河的坝堰，他想是否可以用钢渣呢？于是向水利部门的工程负责人提出了建议，对方化验样品后欣然应允，决定用钢渣填充。这样不但缩短了运输距离，减少了运输成本，还加固了汾河河堤，可谓一举多得。这一次又处理 40 万吨钢渣。后来他发现当时太原河西区有许多建筑工地，便又想到了好办法。据李双良回忆："盖楼房不也需要填充料吗？我就又找到人家。经过建材研究所化验，我们的钢渣是上等的好材料，既是好材料，那么可不可以讨个好价钱呢？也就是说，我们的渣子不再是废物，而是商品了。"于是，在李双良建议下，河西建筑工地先后采购了 500 多万吨钢渣，李双良因此为太钢创收 100 多万元，他用这笔钱购买了两栋

李双良工作在治渣一线

楼房，为180户太钢职工解决了住房问题。

就这样，曾经给太钢及周边居民带来许多苦恼的固体废弃物成为新的资源，钢渣终于实现了变废为宝。有一次，李双良在查看渣场装车作业时，发现工人们只能雇佣铲车进行作业，他盘算了一下，发现每天雇佣铲车竟然需要1820元的费用，于是他想如何可以节约这笔开支，便又在钢渣上打起了主意，他想起自己曾在一家发电厂看到那里的煤炭是存放在储煤仓通过漏斗装车的。于是，他组织职工奋战了一个月，利用渣场的废料做成四个装车漏斗。这样不但可以使装车作业简化，而且节约了费用，还可以一边装车一边选出废钢。装车漏斗投入使用后，工作效率比过去提高了9倍，每年可节约装车费用36万元。“垃圾是放错了地方的资源。”“不能简单地把渣倒掉！要增效！”李双良和他的同事们时常这样想，也在不断实践。

还有一次，李双良回忆起自己在北京钢渣水泥厂看到过的一种设备——磁选机，这种设备筛选中小块状废钢铁效率很高，可是造价高昂。李双良和技术人员们买了几个大磁鼓尝试制作，经过大家的努力，终于做出了四台磁选机，并很快将之投入到治渣作业中。他们利用这种设备，从已经检验完毕准备倒掉的废钢渣中，又回收了小块废钢铁6000多吨，增加收入达90多万元。在处理钢渣的过程中，李双良和同事们不断想出新办法变废为宝。他们先后在钢渣中捡出了总价值达 1514 万元的不锈钢渣进行回收利用；将炼铁高炉产生的废钢渣经过筛选和加工后制成可以代替小石子的筑路材料；用钢渣制成四方和六方水泥砖投入到市场出售；还将破碎的炼铁高炉矿渣进行加工，为山西省 7 个矿棉厂生产矿棉制品提供了原料。李双良在治理渣山的过程中不断提出新思路、新方法，不但解决了太钢的问题，而且为冶金企业处理工业废料积累了宝贵的经验。

“当代愚公”，精神永留存

1986 年，李双良和太钢技术人员们一起努力，利用废钢渣为建筑原材料，设计并建造了一座高 13 米、宽 20 米、长 2500 米的防尘护坡，解决了日常倒渣作业造成的扬尘问题。后来，李双良带领职工们在防尘护坡上建起假山、喷泉，在类似梯田的护坡腰间植树种花，这样既美化了渣场，又实现了防尘。曾经渣尘四处飘扬的渣场成为太原北城一道亮丽的风景线，受到广大职工和附近居民的称赞。1988 年夏天，一位来自西德的炼钢专家乘车路经此地时，连忙叫司机停车，拿着相机登上护坡。当旁人告诉他这是太钢的排渣场时，他简直不敢相信自己的眼睛，高声称赞道：“中国人，了不起！”

1987 年 5 月，近五十年来堆成的渣山在李双良和同事们的努力下用了五年即被移走，太钢的排渣工作也逐渐实现了良性循环。李双良的渣山治理工程不但解决了困扰太钢多年的难题，而且为太钢提供了一条绿色环保的转型发展之路。据资料显示，治渣十年里，太钢渣场累计回收废钢铁 83.76 万吨，外运废渣 1949 万吨，并为企业创收达 1.41 亿元。随后，太钢利用移走渣山留下的空地建设了加工厂厂区、消防队大院、职工宿舍、中小学、残疾人福利厂房、职工文体活动中心、办公室、库房和厂区公路干线，有效地利用了宝贵的土地资源。

1988 年 6 月 5 日，联合国环境规划署为表彰李双良为生态环境做出的贡献，向他授予了“保护和改善环境卓越成果全球 500 佳”崇高荣誉；同年 12 月，联合国环境规划署再次表彰李双良，向他颁发了“全球 500 佳”金质奖章。1989 年，李双良荣获全国劳模称号，1995 年再次成为全国劳模，并曾当选为第八、第九届全国人民代表大会代表，多次获得党和国家领导人的亲切接见。

李双良荣获联合国环境规划署授予的“全球 500 佳”金质奖章

李双良总结自己在改革开放 30 年以来办的两件大事，其一是治理渣山，解决了困扰太钢多年的顽疾；其二是将渣场当作教育基地，用艰苦奋斗的治渣精神教育下一代。治渣成功后，太钢渣场被评选为“爱国主义教育基地”“环境教育基地”和“青少年教育基地”，每年都会有许多青年学子和社会各界人士来此参观学习。李双良和他治理过的渣山也受到了国际友人的称赞，美国科学院代表团团长瓦诺博士在参观渣山公园和听说李双良治理渣山的故事后，称赞道：“这是惊人的成就，堪称世界各国学习的榜样！”美国专家阿门多拉先生也称赞李双良精神是“伟人的深谋远虑与首创精神”。

当选为全国人大代表的李双良

更重要的是，李双良也成了太钢发展绿色循环经济的开创者和领路人。20 世纪 90 年代以来，太钢的绿色产品被使用在许多行业，为中国乃至世界发展环境友好型经济助益良多。太钢制造的汽车排气管用不锈钢，是汽车节能减排的利器；太钢生产的热核聚变用不锈钢，是助力新能源产业发展的帮手；太钢研发的不锈钢复合板，成为镶嵌在三峡大坝上的璀璨明珠……从原料系统到焦化系统和炼铁系统，太钢在生产环节中十分重视可持续发展。太钢的铁精矿远程输送管道是国内第一条清洁输送管道；太钢研

李双良向青少年讲述治理渣山的故事

发的烧结烟气脱硫脱硝制酸法是“五位一体”综合利用之国内首创；炼铁系统的高炉冲渣水余热回收成为太原北城部分地区供暖的主要来源……从建设生态园林工厂，到城市生活污水资源化，再到公共自行车进厂区，太钢成了环境友好、与城共融的典范，时刻践行着李双良精神。

虽然这位老人已经离我们远去，但是李双良治理后

◎小贴士

李双良精神：李双良精神是太钢的企业精神。思想核心是“把太钢的事当作自己家的事”。精神实质为“想企业所想、急企业所急，主动为企业分忧解难的主人翁思想和精神；不怕困难、艰苦奋斗，为企业发展勇于奉献的主人翁思想和精神；相信群众、依靠群众，全心全意依靠工人阶级办企业的主人翁思想和精神；与时俱进、开拓创新，为企业创造美好未来的主人翁思想和精神”。在加快转变经济发展方式的今天，这一宝贵的精神财富将在推动太钢集团乃至山西省实现转型跨越发展的道路中不断成就新作为。

太钢渣山公园李双良半身像

的渣山仍然花团锦簇，移走渣山的空地上建设的学校里还是书声琅琅。更重要的是，李双良精神成了太钢的企业精神与文化内涵，激励着太钢人走好生态工业化发展之路。2020 年 10 月，习近平总书记在《国家中长期经济社会发展战略若干问题》中指出：“生态文明建设是关系中华民族永续发展的千年大计。”在统筹推进“五位一体”总体布局，努力实现中华民族伟大复兴的今天，李双良精神也一定会焕发出耀眼的时代光芒。

十五 新时代，新机遇：中国宝武重组太钢集团

2020 年 5 月 12 日，习近平总书记赴太钢不锈钢精密带钢有限公司考察调研。总书记一行走进一线生产车间，察看企业转型升级产品的展示，了解太钢集团运行情况。在光亮机组前，习总书记饶有兴致地观看了厚度仅有 0.02 毫米的不锈钢箔材“手撕钢”产品，并指出：“产品和技术是企业安身立命之本。”他希望太钢集团在科技创新上再接再厉、勇攀高峰，在支撑先进制造业发展方面迈出新的更大步伐。从承载着有识之士“工业救国”理想的西北炼钢厂，到今日之太钢集团，位于太原城

习近平总书记曾考察调研的太钢不锈钢精密带钢有限公司生产车间

北的“十里钢城”不断书写着中国工业发展史上的辉煌。

迈入腾飞的太钢集团

1949年后，始创于民国时期的西北炼钢厂被新生的人民政府先后改组为西北钢铁公司与太原钢铁厂，曾经的官僚资本主义企业被改造为人民民主国营企业。1958年，该厂更名为太原钢铁公司，并逐步建成国内重要的特殊钢联合企业。1978年12月，

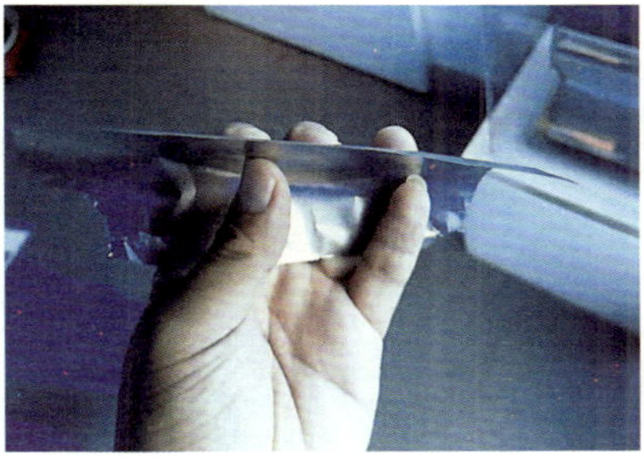

“手撕钢”样品（太钢博物园）

◎小贴士

手撕钢：学名为宽幅超薄精密不锈带钢，是一种可以被徒手折叠与撕碎的新型不锈钢产品，其厚度只有0.02毫米，约为A4纸四分之一厚。自发明以来，“手撕钢”被广泛应用于航空航天、国防、医疗器械、石油化工、精密仪器等领域。轧制手撕钢的工艺控制难度大，对产品成分与质量的要求也较高，因此其核心制造技术一直掌握在日本、德国等发达国家手中。2018年，山西太钢不锈钢精密带钢有限公司经过两年多的不断尝试，终于实现“手撕钢”的量产，打破了该产品的国际垄断。

党的十一届三中全会拉开了改革开放的序幕，太钢也迎来了发展的春天。从积极进行企业扩权试点和完善内部承包经济责任制，到进一步理顺国家与企业关系，使企业逐步拥有“自主经营、自负盈亏、自我约束、自我发展”的动力和能力，太钢充分运用了国家的政策，顺应了改革开放的历史潮流。从 1988 年到 1992 年，太钢积极贯彻党的十三大精神，全面深化改革，进一步完善承包经营责任制，使企业的经营管理机制与社会主义市场经济体制相适应。

1996 年，太钢改制为国有独资公司——太原钢铁（集团）有限公司。1998 年 10 月，太钢不锈股票成功在深交所上市，并开始实施大集团、大公司发展战略，充分利用市场环境，做大做强企业。与此同时，太钢致力于建设全球最具品种特色的钢铁厂，形成了以不锈钢为核心的节能型绿色产品集群，成为绿色产品制造的示范者，并在不锈钢等特殊钢制造行业始终保持一流水平，逐步建成中国乃

绿色钢城

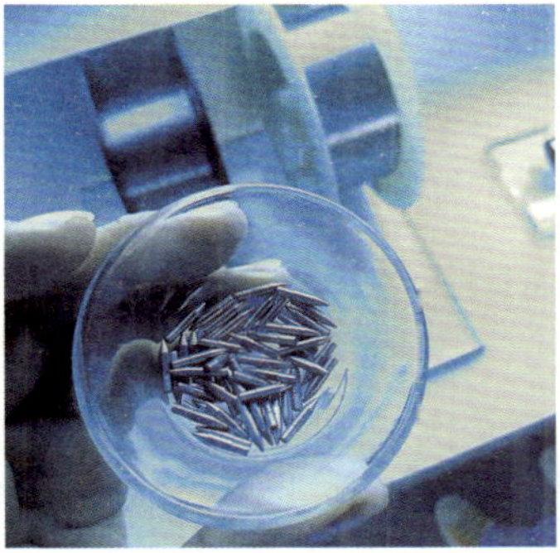
“笔尖钢”样品（太钢博物园）

至世界闻名的不锈钢生产基地。党的十八大以来，太钢再一次抓住深化改革、转型发展的历史新机遇，不断提高企业创新能力，并积极推进绿色发展，在新时代创造了一个又一个的奇迹。为深入贯彻落实习近平总书记的生态文明思想，太钢牢固树立“绿水青山就是金山银山”的发展理念，深入强化“绿色发展是生存的前提、发展的基础”之认识，努力建成绿色生产、与环境共融的“绿色钢厂”。

在太钢发展史上，科技创新与产品意识一向受到重视。特别是在20世纪90年代以来，太钢不断增加科技创新投入，引进高技术人才，研发高科技产品，推广先进的工艺技术，为提高我国科技创新能力助力。在中国钢铁行业，太钢率先开发出多个钢种的铁素体不锈钢以及全球最宽的冷轧铁素体不锈钢带钢。这些特殊钢产品可以广泛应用于航空航天、铁路交通、车辆制造、精密仪器制造和家电生产等多个工业领域，促进了有关产品制造业的不断发展，满足了相关市场需求。太钢的氮基不锈钢生产技术同样在有关企业中名列前茅，广泛运用于水利、石油、核电、国防和军工等多个领域。2018年建成通车的港珠澳大桥，使用太钢生产的双相不锈钢筋达一万多吨，太钢制造为这一国家重大工程项目的顺利完成添砖加瓦。近年来，由太钢集团研发的“笔尖钢”和“手撕钢”等特殊钢产品使这一钢铁企业不断进入到公众视野中，“和谐号”动车组列车、“神舟”飞船、“嫦娥一号”探月工程等项目和工程也多次运用太钢制造的特钢产品。这同样是太钢不断提高科技创新能力的有力见证。

联合重组带来新机遇

2020 年 8 月 21 日，山西省人民政府与中国宝武集团在太原签署战略合作框架协议。中共山西省委书记、省人大常委会主任楼阳生，省委副书记、省长林武等省领导及

2020 年 8 月 21 日山西省人民政府与中国宝武集团在太原签署战略合作框架协议

中国宝武集团党委书记、董事长陈德荣等出席此次签约仪式，林武和陈德荣代表双方签订协议。同日，中国宝武钢铁集团有限公司与山西省国有资本运营有限公司正式签署无偿划转协议，山西国资运营公司将太原钢铁集团51%股权无偿划转给中国宝武集团，上述协议的签署标志着中国宝武集团与太钢集团的联合重组计划正式开始实施。

2020年9月27日，中国宝武集团与山西省有关部门签署的股权划转协议获国务院国有资产监督管理委员会批复同意。随后，该协议获得国家市场监督管理总局经营者集中反垄断审查通过，山西省市场监督管理局也于同年12月办理太钢集团工商变更登记。与此同时，中国宝武决定

◎小贴士

中国宝武集团： 全称为中国宝武钢铁集团有限公司，是上海宝钢集团与武汉武钢集团实现战略重组后于2015年12月1日揭牌成立的国有重要骨干中央企业。成立后的中国宝武集团资产总额约7300亿元，在2015年世界500强中列123位左右，并拥有员工22.8万人。据统计，中国宝武集团年产粗钢规模在全球仅次于由法国、卢森堡和西班牙三国联合成立的欧洲钢铁巨头安塞尔米塔尔，位居世界第二。2019年后，中国宝武集团先后与安徽马钢集团、山西太钢集团和中国中钢集团实现联合重组，逐步建成为中国最大、最现代化的钢铁联合企业。

将涉及不锈钢生产的下属企业宝钢德盛和宁波宝新委托太钢集团管理，以此促进中国宝武集团不锈钢行业的整体规划建设。至此，中国宝武集团基本完成了对太钢集团的联合重组工作，也揭开了太钢发展史上崭新的一页。中国宝武集团与太钢集团的联合重组深入贯彻落实了习近平总书记视察山西时的重要讲话与重要指示，是践行党中央、国务院关于促进我国钢铁行业发展、落实供给侧结构性改革与加快产能过剩行业兼并重组精神的重要举措，也有利于加强央企与地方的深度合作，并服务于国家区域经济协同发展战略。此外，此次联合重组也将为山西省建成全国首

2021 年初重组后的太钢集团厂门

个资源型经济转型综合配套改革试验区的事业添砖加瓦，促进山西省在资源型经济转型发展方面率先蹚出一条新路。

BAOWU 太钢集团

重组后的太钢集团 LOGO

中国宝武钢铁集团战略规划明确提出，要以“成为全球钢铁业引领者”为新的战略目标，努力实现打造“亿吨宝武”的发展愿景。与太钢实施联合重组，对中国宝武集团的钢铁生产特别是不锈钢生产来说，必将如虎添翼，共同实现发展目标。对太钢集团而言，联合重组意味着太钢得以融入中国宝武的“大家庭”，未来将在山西省有关部门与中国宝武集团的共同支持下，不断激发企业创新发展活力，并提升综合竞争能力，巩固太钢全球不锈钢领军企业的地位。宝武集团有关部门表示，未来将“力争 5 年内把太钢建设成为中国宝武不锈钢产业一体化运营的旗舰平台公司、全球最具竞争力的不锈钢全产业链企业”。此次联合重组将为太钢带来新的发展契机。

携手打造“全球钢铁业引领者”

2021 年 1 月 5 日，太钢集团举行干部大会。中国宝武党委书记、董事长陈德荣参加此次会议。在会上，陈德荣强调：广大干部应牢记钢铁报国初心，加快整合融合步伐，勇于担当，积极作为，加速实现全球不锈钢行业引领者的目标，为中国宝武实现“成为全球钢铁业引领者”的目标做出应有贡献。此外，陈德荣指出，实施联合重组后，中国宝武将与太钢集团共建不锈钢产业生态圈、共享发展成果。2021 年 3 月，太钢不锈入围“中石化物资装备部 2021 年度不锈无缝钢管、直缝焊管联合采购年度框架协议（生产制造商）”。此次入围丰富了太钢产品在中石化准入产品名录内的种类，再加上太钢为中石化供应的其他不锈钢产品，标志着太钢不锈钢全品种取得了中石化合格供应资格。此次事件是联合重组后太钢集团在相关领域再创佳绩的最好见证，奠定了太钢生产的不锈钢产品在中石化采购体系中的坚实基础，也为整个中国宝武集团不锈钢行业鼓舞了士气。据悉，2021 年太钢还将为中石化镇海炼化、海南乙烯及巴陵石化己内酰胺等重大项目供应不锈钢产品，建立健全“产、销、研、用”四位一体化体系，以最卓越的生产技术与最优质的不锈钢产品献礼建党百年，并使太钢成为中国宝武大家庭中不锈钢行业的领军企业。

2021 年初太钢集团为中石化供应的不锈钢无缝管

从 20 世纪 30 年代承载着三晋儿女“工业

救国”理想的西北炼钢厂，到为新中国炼制出第一炉不锈钢的太原钢铁厂，再到今日与中国宝武实现联合重组的太钢集团，这一企业的发展之路也是中国钢铁工业发展史的缩影。时值中国共产党建党100周年，历史一次次向我们证明，钢铁工业的发展离不开一个强大的国家作为后盾。在和平与发展成为时代主题、“新工业革命”时代已经到来的今天，推动钢铁等传统产业高端化、智能化、绿色化，发展服务型制造成为新一代中国工业人的使命。习近平总书记曾说：“心有所信，方能远行。”相信每一位宝武太钢人都能够秉持西北炼钢厂时代中国工业人“工业报国”的使命，努力践行“以厂为家”的李双良精神，牢记历史和人民的嘱托，在新时代长征路上走好每一步，为实现中华民族伟大复兴的中国梦而不懈奋斗。

主要参考资料

西北实业公司档案，山西档案馆藏，全宗号：B31

太原军事管制委员会档案，山西省档案馆藏，全宗号：A127

中国共产党太原市委员会档案，太原市档案馆藏，全宗号：A1

太原钢铁（集团）有限公司博物园厂史馆馆藏资料

太原钢铁（集团）有限公司官方网站：http://www.tisco.com.cn/

《中华实业月刊》1936 年

《西北实业月刊》1946 年—1947 年

《人民日报》1949 年—1952 年

《山西日报》1949 年—1952 年

《太原日报》1951—1958 年

《钢铁小报》1951 年

《太钢八十年口述史》编委会编：《太钢八十年口述史》，山西人民出版社 2014 年版

曹焕文等编：《太原工业史料》（内部资料），太原城市建设委员会 1955 年编印

晋绥革命根据地工人运动史征编委员会编：《晋绥革命根据地工人运动史 1937.7—1949.9》，中国工人出版社 1992 年版

景占魁编著：《阎锡山与西北实业公司》，山西经济出版社 1991 年版

乔志强：《山西制铁史》，山西人民出版社 1978 年版

山西省地方志办公室编：《民国山西史》，山西人民出版社 2011 年版

山西太原钢铁厂厂史编辑委员会编：《太钢发展史：1932—1949（第一分册）》（内部资料），该会 1983 年编印

太钢党委宣传部、火花编辑部编：《钢城星火：太钢工人回忆录》，山西人民出版社 1959 年版

太钢史志办公室编：《太钢六十周年回忆录》，冶金工业出版社 1994 年版

太原钢铁公司史志鉴编辑委员会编：《太钢发展史：1934—1993》，中国科学技术出版社 1994 年版

魏晓锴、卫磊：《中国共产党对西北实业公司接管与改造探析》，《太原理工大学学报》（社会科学版）2017 年第 4 期

魏晓锴：《抗战胜利后山西地区工业接收研究：以西北实业公司为中心》，《民国档案》2015 年第 3 期

魏晓锴、卫磊：《工业企业接管与改造中的薪资改革：以西北实业公司为中心》，《暨南学报》（哲社版）2018 年第 11 期

张悦：《接管、改造和建设：太原钢铁厂研究（1949—

1952）》，山西师范大学硕士学位论文，2020年

太钢退休职工采访口述稿，采访人：张悦，2019—2021年

〔日〕内田知行著，叶晓彤译：《日军占领下的太原铁厂劳务管理状况》，《史志学刊》1999年第S1期

后　记

西北实业公司是民国时期全国地方工业之翘楚，它囊括了煤炭、炼钢、机械、电气、铸造、化工、水泥、卷烟、纺织、面粉等诸多领域，是近代山西最大的工业企业。本书作者魏晓锴，山西太原人，南京大学历史学博士，中国社科院理论经济学博士后，现为山西大学历史文化学院教授，学术领域为中国近代经济史。攻读博士期间，致力于上海卷烟工业及企业史的孜孜求索。工作以来，以西北实业公司为志趣，先后发表了《抗战胜利后山西地区工业接收研究：以西北实业公司为中心》《中国共产党对西北实业公司接管与改造探析》《工业企业接管与改造中的薪资改革：以西北实业公司为中心》等关于西北实业公司研究的系列文章。2018年，作为山西大学历史文化学院河汾讲堂青年论坛中国近代史首讲，《西北实业公司的历史命运》取得了良好的效果。西北炼钢厂作为西北实业公司中实力最雄厚、最具代表性的企业，可以说是近代山西乃至全国工业化进程的一个缩影。西北炼钢厂作为目前山西省内最大的工业企业中国宝武太钢集团的前身，保存了大量的工业遗产建筑与设施。讲好西北炼钢厂的故事，既是对中国工业文明的历史见证，也是对中国工业遗产的保护传承。

西北炼钢厂诞生发展 80 多年的历史中，先后经历了西北实业公司西北炼钢厂、太原铁厂、西北炼钢厂、西北钢铁公司、太原钢铁厂、太原钢铁公司、太原钢铁（集团）有限公司、中国宝武集团太钢公司几个阶段，近 90 年的钢厂发展也见证了省城太原的变化沧桑。2019 年，该厂成功入选第二批“中国工业遗产保护名录”。本书第二作者张悦，不仅是土生土长的太原后生，而且是地地道道的太钢子弟，在山西师范大学攻读硕士学位期间，即以“接管、改造和建设：太原钢铁厂研究（1949-1952）”为题，出色地完成毕业论文。其目前就职于山西省社会科学院，工作以后，笔耕不辍，致力于太原历史的探索。西北炼钢厂，可以说是两位作者共同的兴趣点和研究的“公约数”。本书的出版，旨在以讲故事的形式，记录西北炼钢厂在民族危亡背景下诞生、顿挫、曲折、恢复、发展、改革、转型等 80 多年的历史演进，讲述西北炼钢厂在中国共产党领导下抗争、奋斗、创新、辉煌的光辉历程。为完成本书，两位作者共同致力于浩繁的文字与图片工作，从题目选定、史料搜集、提纲拟定、文字推敲、图片整理，凝聚了大量的心血与付出。在本书撰写过程中，两位作者参考了诸多档案、报刊、著作和论文，还从网络资源数据库、厂史厂志等搜集了部分图片和文字材料，囿于全书体例，未能一一注明出处，在此深表歉意。本书的出版，特别感谢山西省档案馆、图书馆和太原档案馆、方志办，尤其是太钢博物园、档案馆提供的大力支持和帮助。

最后需要说明的是，由于两位作者的能力和水平有限，本书的错误和疏漏在所难免，尚祈学界专家、同仁和读者批评指正。